51

Coleção
LEIS ESPECIAIS
para **concursos**

Dicas para realização de provas com questões de concursos e jurisprudência do STF e STJ inseridas artigo por artigo

Coordenação:
LEONARDO GARCIA

LEI DAS CONTRAVENÇÕES PENAIS

Decreto-Lei 3.688/1941

51

Coleção
LEIS ESPECIAIS
para **concursos**

Dicas para realização de provas com questões de concursos
e jurisprudência do STF e STJ inseridas artigo por artigo

Coordenação:
LEONARDO GARCIA

THIAGO GANDRA

LEI DAS CONTRAVENÇÕES PENAIS

Decreto-Lei 3.688/1941

2ª
edição
revista, atualizada
e ampliada

2019

EDITORA
JusPODIVM
www.editorajuspodivm.com.br

EDITORA *Jus*PODIVM
www.editorajuspodivm.com.br

Rua Território Rio Branco, 87 – Pituba – CEP: 41830-530 – Salvador – Bahia
Tel: (71) 3045.9051
• Contato: https://www.editorajuspodivm.com.br/sac

Diagramação: Cendi Coelho *(cendicoelho@gmail.com)*

Capa: Ana Caquetti

ISBN: 978-85-442-2538-7

Um dia veio uma peste e acabou com
Toda a vida na face da Terra:
Em compensação ficaram as Bibliotecas...
E nelas estava meticulosamente escrito
o nome de todas as coisas!

MÁRIO QUINTANA

Dedico este livro aos meus amores!
Minha esposa Marcella
e minhas filhas Manu e Gabi!
São elas as que mais sofrem
com as minhas ausências!
Amores de hoje e para sempre!
Começo e fim de tudo!
Porto seguro que me garante
a tranquilidade de saber que
mesmo navegando em mares revoltos,
há sempre o caminho de volta...
o recomeço...o afeto...o amor...
a base de tudo!

Agradecimentos

Agradeço a Deus pela proteção e pelas oportunidades que me tem concedido.

Agradeço aos meus amados pais e irmãos, sempre ao meu lado, suporte e segurança, que nos dão base para seguir em frente.

Agradeço à minha aluna e estagiária Fernanda Duarte que, com competência, foi responsável por grande parte da pesquisa jurisprudencial e doutrinária, base da obra e ponto de partida das reflexões mais importantes.

Proposta da Coleção *Leis Especiais para Concursos*

A Coleção *Leis Especiais para Concursos* tem como objetivo preparar os candidatos para os principais certames do país.

Pela experiência adquirida ao longo dos anos, dando aulas nos principais cursos preparatórios do país, percebi que a grande maioria dos candidatos lê apenas as leis especiais, deixando os manuais para as matérias mais cobradas, como constitucional, administrativo, processo civil, civil, etc. Isso ocorre pela falta de tempo do candidato ou porque faltam no mercado livros específicos (para concursos) em relação a tais leis.

Nesse sentido, a *Coleção Leis Especiais para Concursos* tem a intenção de suprir uma lacuna no mercado, preparando os candidatos para questões relacionadas às leis específicas, que vêm sendo cada vez mais contempladas nos editais.

Em vez de somente ler a lei seca, o candidato terá dicas específicas de concursos em cada artigo (ou capítulo ou título da lei), questões de concursos mostrando o que os examinadores estão exigindo sobre cada tema e, sobretudo, os posicionamentos do STF, STJ e TST (principalmente aqueles publicados nos informativos de jurisprudência). As instituições que organizam os principais concursos utilizam os informativos e as notícias (publicados na página virtual de cada tribunal) para elaborar as questões de concursos. Por isso, a necessidade de se conhecer (e bem!) a jurisprudência dos tribunais superiores.

Assim, o que se pretende com a presente coleção é preparar o leitor, de modo rápido, prático e objetivo, para enfrentar as questões de prova envolvendo as leis específicas.

Boa sorte!

Leonardo Garcia
Instagram: professorleonardogarcia

Apresentação

Com alegria ganhamos do Professor e amigo Leonardo Garcia a oportunidade de escrever os comentários à Lei das Contravenções Penais - LCP (Dec.-lei 3.688/41) para integrar a coleção *Leis Especiais para Concursos*, sob sua coordenação.

A obra se destina, especialmente, aos que se dedicam ao estudo para serem aprovados em um concurso público, contando com a jurisprudência dos tribunais superiores e questões de certames públicos relacionadas a cada artigo da Lei. Nada obstante, também se presta a todos os profissionais do Direito, já que encontrarão nos comentários de cada artigo respostas para diversas questões duvidosas que envolvem a Lei das Contravenções Penais.

Em verdade, se tivéssemos adotado rigor absoluto na aplicação dos mais caros princípios de Direito Penal, especialmente os princípios da lesividade e da intervenção mínima, grande parte das disposições da LCP estariam fadadas à inaplicabilidade ou inadequação em face ao texto constitucional.

No entanto, salvo quando os tribunais pátrios declaram a não recepção da norma, ou quando a norma se tornou incompatível com outro texto legal mais recente - sendo revogada tácita ou expressamente -, fizemos a opção por comentar detalhadamente cada artigo da lei, porquanto muitos ainda são objeto de provas de concursos e, por vezes, de decisões judiciais.

É preciso alertar ao caro leitor que a competência para julgar as contravenções penais passou a ser dos Juizados Especiais desde a edição da Lei 9.099/95 e, por consequência, muitas das disposições da LCP não foram objeto de decisão do STF ou do STJ, prejudicando, de certo modo, o enfrentamento da jurisprudência.

Espero sinceramente contribuir, sem nenhuma pretensão de ser o dono da verdade, mas humildemente desejando ajudar àqueles que estão se dedicando para realizar o sonho da aprovação.

Grande abraço! Mãos à obra!

O Autor

Como a Lei das Contravenções Penais (LCP) é cobrada nos concursos?

A LCP – Lei das Contravenções Penais – é cobrada em diversos concursos jurídicos, entre eles: magistratura estadual e federal, ministérios públicos federal e estaduais, defensorias públicas federal e estadual e delegados de polícia, inclusive da Polícia Federal. Nos concursos para procuradorias federais, estaduais e municipais, a incidência de cobrança é menor.

No entanto, como a competência para julgar as contravenções penais é dos Juizados Especiais, poucas das disposições da LCP foram objeto de decisões mais recentes do STF ou do STJ e, por isso, muito concursos concentram suas questões nas matérias já enfrentadas pelos tribunais superiores.

Assim, recomendo maior atenção na leitura dos artigos da LCP que foram alvo de decisões do STF e do STJ, todas colacionadas entre os comentários dos artigos.

Por outro lado, há também cobrança nos certames públicos do texto expresso da LCP, especialmente quando está em contradição com o Código Penal. Confia o examinador que o candidato incorrerá em erro, acreditando que o que se aplica ao Código Penal se aplica também à LCP, o que nem sempre é verdade. Por exemplo, a expressa vedação da tentativa de contravenção do art. 4º da LCP.

Por isso mesmo é que os concursos públicos têm abordado com grande incidência questões relativas à parte geral da LCP, razão pela qual recomendo atenção.

No que se refere às contravenções em espécie, sem desmerecer as demais, as mais importantes são aquelas em que houve decisão do STF ou do STJ, todas citadas nos comentários, ou aquelas que têm sido cobradas nos concursos públicos, cujo enunciado da questão e a alternativa relacionada estão, também, devidamente colacionados no presente livro.

Ressalto, na parte geral, os artigos 1º, 2º, 4º a 7º e 17, todos muito cobrados em questões de concursos. Na parte especial, creio serem mais relevantes os arts. 18 e 19, em razão do Estatuto do Desarmamento; o art. 21, em razão das questões envolvendo a Lei Maria da Penha, além das várias decisões sobre o tema; os arts. 42 e 65, o primeiro em razão de sua frequente incidência no dia a dia e o segundo em razão daquilo que o diferencia do art. 42; o art. 46, com decisões dos tribunais e incidência regular em provas; o art. 47, especialmente em razão da recente polêmica envolvendo o transporte de passageiros (Uber e Cabify); o art. 50, por conta da questão envolvendo bingos e caça-níqueis; os arts. 59 e 60, por causa da matéria constitucional evidentemente inserida nessas disposições e, principalmente, porque o art. 60 foi revogado, mas permanece na lei o art. 59. Relembro, por fim, que embora revogado o art. 58 que trata do jogo do bicho, diante da repercussão do tema e o enfrentamento dos tribunais, vale a leitura dos comentários ao revogado artigo.

É importante destacar que os artigos mais cobrados estão destacados em pontilhado nos boxes cinza, como no exemplo abaixo:

Art. 1º – Aplicam-se as contravenções às regras gerais do Código Penal, sempre que a presente lei não disponha de modo diverso.

Sumário

Lei das Contravenções Penais:
Decreto-Lei nº 3.688, de 3 de outubro de 1941

Lei das Contravenções Penais: Decreto-Lei nº 3.688, de 3 de outubro de 1941

PARTE GERAL

Art. 1º – **Aplicam-se** as contravenções às regras gerais do **Código Penal,** sempre que a **presente lei não disponha de modo diverso.**

1. **Princípio da especialidade.** O art. 1.º da Lei das Contravenções Penais (LCP) já deixa claro que a ela se aplicam subsidiariamente as regras gerais do Código Penal, o que significa que toda a parte geral do Código Penal (art. 1 ao 120 do CP) se aplica às contravenções penais, salvo se a própria Lei das Contravenções não tiver disposição específica em contrário. Neste mesmo sentido disciplina o art. 12 do Código Penal ao fixar que *"as regras gerais deste Código aplicam-se aos fatos incriminados por lei especial, se esta não dispuser de modo diverso"*. Assim, não há dúvida de que o **Código Penal tem aplicação subsidiária** à Lei das Contravenções Penais e, ainda, de que a disposição do art. 1.º da LCP instrumentaliza o **princípio da especialidade**, na medida em que determina a aplicação da norma especial (LCP) em detrimento da norma de caráter geral (CP). De fato, havendo disposições conflitantes, tratando-se de contravenção penal, aplica-se a LCP e, somente na ausência de norma específica, aplica-se o Código Penal.

2. **Conceito de contravenção penal.** O legislador não conceitua as infrações penais pelo que são, mas sim pela consequência que geram, ou seja, pela forma como são punidas. Assim, a Lei de Introdução do Código Penal e da Lei das Contravenções Penais (DL 3914/41), em seu art. 1.º, deixou claro que crime é a infração penal punida com reclusão ou detenção cumulada ou não com pena de multa **e contravenção penal é a infração penal punida com prisão simples e/ou multa.** Com efeito, foi adotada pelo ordenamento brasileiro a concepção bipartida, no sentido de tratar a infração penal (ou ilícito penal) como um gênero

do qual são espécies os crimes (ou delitos) e as contravenções penais. Deste modo, quando o legislador pátrio quis viabilizar a aplicação de determinado instituto às contravenções penais, expressamente utilizou o próprio termo "contravenções penais" ou o gênero "infração penal". Como exemplo, podemos citar a **Lei das Organizações Criminosas (Lei 12.850/13), aplicável às contravenções penais** porque seu art. 1.º, §2.º, utiliza-se expressamente do gênero "infrações penais". Por outro lado, o mesmo não podemos dizer da **Lei dos Crimes Hediondos (Lei 8.072/90),** que em seu texto somente se referiu aos crimes.

Aplicação em concurso público:

- ***(Cespe – Delegado de Polícia – PE/2016)***

  O ordenamento penal brasileiro adotou a sistemática bipartida de infração penal — crimes e contravenções penais —, cominando suas respectivas penas, por força do princípio da legalidade. Acerca das infrações penais e suas respectivas reprimendas, assinale a opção correta.

  E) O condenado por contravenção penal, com pena de prisão simples não superior a quinze dias, poderá cumpri-la, a depender de reincidência ou não, em regime fechado, semiaberto ou aberto, estando, em quaisquer dessas modalidades, obrigado a trabalhar.

  A alternativa acima está errada, na medida em que a prisão simples é cumprida em regime aberto ou semiaberto, como será visto no art. 6.º da LCP, comentado adiante.

3. **Uso de droga.** O art. 28 da Lei de Drogas (Lei 11.343/06), estabeleceu como pena para a conduta de adquirir, guardar, ter em depósito, transportar ou trazer consigo, para consumo pessoal, drogas, a advertência sobre os efeitos das drogas, a prestação de serviços à comunidade e a medida educativa de comparecimento a programa ou curso educativo. Numa interpretação literal dos conceitos legais de crime e contravenção, poder-se-ia cometer o deslize de pensar que como o tipo penal do art. 28, em análise, não cominou pena de detenção ou reclusão para a conduta, o mesmo seria uma espécie de contravenção penal extravagante, ou seja, fora da LCP. No entanto, é cediço que a interpretação literal é a mais pobre e, portanto, insuficiente para compreensão do tipo. Neste sentido, doutrina e jurisprudência são pacíficas no sentido de que **o tipo do art. 28 da Lei de Drogas se trata de crime**, porque numa interpretação sistêmica fica evidente que o desejo do legislador nunca foi o de transformar o uso de droga em mera contravenção, tanto que incluiu tal tipo penal no capítulo III da Lei - "Dos Crimes e das penas".

4. **Delito-anão.** Vale saber que as contravenções penais são chamadas de delitos-anões ou crime-anão, porque seriam infrações penais menos graves, cujo tipo penal protege bens jurídicos não tão importantes como os bens jurídicos protegidos pelas normas penais que criam os crimes. Na verdade, segundo tal concepção, as contravenções penais seriam delitos menores.

Aplicação em concurso público:

- ***(FGV – Analista Judiciário II – Oficial de Justiça Avaliador e Leiloeiro – TJAM/2013)***

  Sobre a contravenção penal, assinale a afirmativa incorreta.

  A) Em geral, a contravenção penal é espécie de infração penal menos grave do que o crime, sendo, por isso, chamada pela doutrina de crime-anão.

  Alternativa "A" está correta.

5. **Política criminal.** Quanto ao critério para a criação de uma contravenção penal ou para a transformação de uma contravenção penal em crime, não há regramento específico, tratando-se de mera opção de política criminal feita pelo legislador. Como exemplo, recorde-se que a contravenção penal de porte de arma, prevista no art. 19 da LCP restou esvaziada pela Lei 9.437/97 (atualmente revogada) e mais tarde pelo Estatuto do Desarmamento (Lei 10.826/03), porquanto o porte de arma deixou de ser mera contravenção penal, sendo elevada ao status de crime.

6. **Competência para julgamento.** A **Justiça Estadual** é a competente para julgar as contravenções penais, ainda que praticadas em detrimento de bens, serviços ou interesse da União ou de suas entidades autárquicas ou empresas públicas, porquanto a Constituição da República de 1988, em seu art. 109, IV, embora se utilizando do gênero "infrações penais", expressamente, excluiu da competência dos juízes federais o julgamento de contravenções penais. Por sua vez, os demais incisos do art. 109, se referem também expressamente à espécie "crimes", afastando, portanto, a incidência da disposição constitucional às contravenções. Aliás, a questão é objeto de súmula antiga do STJ, reafirmada em decisões mais recentes. Vale ainda ressaltar que o STJ reconheceu a competência da Justiça Estadual como absoluta, sendo que no caso de conexão da contravenção com crime de competência da Justiça Federal, deve haver o desmembramento do feito para que a contravenção seja julgada na Justiça Estadual. Vale ressaltar que a própria Lei dos Juizados Especiais Federais foi clara ao se referir expressamente aos crimes. Vale citar: *"Art. 2º – Compete ao Juizado Especial Federal Criminal processar e*

julgar os feitos de competência da Justiça Federal, relativos às infrações de menor potencial ofensivo. Parágrafo único. Consideram-se infrações de menor potencial ofensivo, para os efeitos desta Lei, ***os crimes*** *a que a lei comine pena máxima não superior a dois anos, ou multa."*

▸ **STJ**

Súmula 38: Compete a justiça estadual comum, na vigência da Constituição de 1988, o processo por contravenção penal, ainda que praticada em detrimento de bens, serviços ou interesse da união ou de suas entidades.

Informativo 511: DIREITO PROCESSUAL PENAL. COMPETÊNCIA. CONTRAVENÇÃO PENAL. **É da competência da Justiça estadual o julgamento de contravenções penais, mesmo que conexas com delitos de competência da Justiça Federal.** A Constituição Federal expressamente excluiu, em seu art. 109, IV, a competência da Justiça Federal para o julgamento das contravenções penais, ainda que praticadas em detrimento de bens, serviços ou interesse da União. Tal orientação está consolidada na Súm. n. 38/STJ. Precedentes citados: CC 20.454-RO, DJ 14/2/2000, e CC 117.220-BA, DJe 7/2/2011. **(CC 120.406-RJ, Rel. Min. Alderita Ramos de Oliveira, Desembargadora convocada do TJ-PE, julgado em 12/12/2012, Terceira Seção.**

CONFLITO NEGATIVO DE COMPETÊNCIA. CONTRAVENÇÃO PENAL PRATICADA A BORDO DE AERONAVE. ARTIGO 109, INCISOS IV E IX, DA CONSTITUIÇÃO FEDERAL DE 1988. SÚMULA Nº 38/STJ. COMPETÊNCIA DA JUSTIÇA ESTADUAL. 1. A Justiça Federal não tem competência para julgar contravenção penal, ainda que praticada em detrimento de bens, serviços ou interesses da União, nos termos da Súmula nº 38 desta Corte. 2. **O artigo 109, inciso IX, da Constituição Federal de 1988, utilizado pelo Juízo suscitado para embasar o declínio da competência para o Juízo Federal, refere-se tão somente aos crimes cometidos a bordo de navios e aeronaves, excluídas, portanto, as contravenções penais.** 3. Conflito conhecido para declarar competente o Juízo de Direito do Segundo Juizado Especial Criminal de Itapuã/BA, o suscitado. (CC 117.220/BA, Rel. Ministro MARCO AURÉLIO BELLIZZE, TERCEIRA SEÇÃO, julgado em 26/10/2011, DJe 07/12/2011)

Aplicação em concurso público:

- **(Delegado de Polícia – GO/2018)**

Sobre as contravenções penais previstas no Decreto-Lei n. 3.688, de 3 de outubro de 1941, verifica-se que:

D) Segundo a Constituição, as contravenções praticadas em detrimento de bens, serviços ou interesse da União ou de suas entidades autárquicas ou empresas públicas são de competência da Justiça comum Federal.

A alternativa "d" está incorreta. A competência é da Justiça Estadual.

7. **Aplicação da Lei 9.099/95.** As contravenções penais são infrações penais menos graves, o que, em outras palavras, significa dizer que são infrações penais de pequeno potencial ofensivo. Exatamente por isso foi que a Lei 9.099/95, em seu art. 61, expressamente consignou que as contravenções penais são consideradas infrações penais de menor potencial ofensivo e, por consequência, se aplicam integralmente os institutos despenalizadores previstos na Lei dos Juizados Especiais (transação penal, composição civil dos danos e suspensão condicional do processo), bem como se observará a mesma lei quanto ao processo e julgamento das contravenções penais. Vale lembrar que, na forma da jurisprudência do STJ acima colacionada, a competência é absoluta dos juizados especiais estaduais, já que está afastada definitivamente a competência da Justiça Federal. Desse modo, os Juizados Especiais Estaduais são os competentes para processar e julgar as contravenções penais, salvo no caso de violência doméstica contra a mulher, por expressa disposição do art. 17 c/c art. 33 da Lei 11.340/06 (Lei Maria da Penha), em que a competência será da Vara Criminal, enquanto não criado o Juizado de Violência Doméstica e Familiar contra a Mulher.

▶ **STJ**

> **Informativo 402 STJ - COMPETÊNCIA**. CONTRAVENÇÃO. LEI MARIA DA PENHA. No caso, o autor desferiu socos e tapas no rosto da declarante, porém sem deixar lesões. Os juízos suscitante e suscitado enquadraram a conduta no art. 21 da Lei de Contravenções Penais (vias de fato). Diante disso, a Seção conheceu do conflito para **declarar competente o juízo de Direito da Vara Criminal, e não o do Juizado Especial, por entender ser inaplicável a Lei n. 9.099/1995 aos casos de violência doméstica e familiar contra a mulher, ainda que se trate de contravenção penal.** Precedentes citados: CC 104.128-MG, DJe 5/6/2009; CC 105.632-MG, DJe 30/6/2009, e CC 96.522-MG, DJe 19/12/2008. CC 104.020-MG, Rel. Min. Maria Thereza de Assis Moura, julgado em 12/8/2009.

Art. 2º – A **lei brasileira** só é aplicável à **contravenção praticada no território nacional.**

1. **Território nacional:** é o espaço territorial em que o Brasil exerce a sua soberania, ou seja, o território e o respectivo subsolo compreendidos dentro dos limites entre as fronteiras nacionais, o mar territorial[1], o espaço aéreo subjacente a todo território, incluindo o mar territorial e, por extensão, as embarcações e aeronaves brasileiras privadas, onde quer que se encontrem, salvo se em mar territorial ou espaço aéreo estrangeiro, as embarcações e aeronaves brasileiras públicas, onde quer que se encontrem e as embarcações e aeronaves estrangeiras privadas, desde que estejam território brasileiro.

2. **Princípio da territorialidade.** O art. 2.º da Lei das Contravenções Penais consagra o princípio da territorialidade, segundo o qual, às contravenções praticadas no território nacional, aplica-se a lei brasileira. Assim também prescreve o art. 5.º do Código Penal, no que tange aos crimes. No entanto, ensina a doutrina que o Código Penal adotou o princípio da territorialidade relativa ou mitigada, porque existem hipóteses em que, mesmo tendo o crime sido praticado fora do território nacional, será aplicada a lei brasileira. Contudo, tratando-se de contravenção penal, o princípio é o da **territorialidade absoluta**, já que a disposição do texto legal em análise é clara no sentido de que **a Lei das Contravenções Penais somente se aplica à contravenção praticada no território nacional**, não havendo exceção a esta regra. Portanto, à **Lei das Contravenções Penais não se aplicam as disposições do art. 7.º do Código Penal, que fixa as hipóteses de extraterritorialidade** da lei penal brasileira. Enfim, podemos afirmar que, ao contrário do que ocorre na hipótese de crimes, em termos de contravenções penais **não se adotou o princípio da extraterritorialidade ou adotou-se o princípio da territorialidade absoluta.**

Aplicação em concurso público:

- ***(FGV – Analista Judiciário II – Oficial de Justiça Avaliador e Leiloeiro – TJAM/2013)***

  Sobre a contravenção penal, assinale a afirmativa incorreta.

  B) Assim como o Código Penal, a Lei de Contravenções Penais (DL n. 3.688) prevê hipóteses de extraterritorialidade em que a lei brasileira será aplicável à contravenção praticada fora do território nacional.

---

1. Lei 8.617/93, art. 1.º – O mar territorial brasileiro compreende uma faixa de doze milhas marítima de largura, medidas a partir da linha de baixa-mar do litoral continental e insular, tal como indicada nas cartas náuticas de grande escala, reconhecidas oficialmente no Brasil.

A alternativa "B" está incorreta porque a LCP não adota o princípio da extraterritorialidade, adotando o princípio da territorialidade absoluta.

- ***(FEPESE – Defensor Público – SC/ 2012)***

A aplicação da lei penal no tempo e no espaço é tratada nas partes gerais do Código Penal e na Lei de Contravenções Penais. Sobre a aplicação da lei penal, é correto afirmar:

E) As leis penais brasileiras podem ser aplicadas tanto aos crimes cometidos no território nacional quanto àqueles praticados no estrangeiro, nas hipóteses previstas, mas elas somente podem ser aplicadas às contravenções penais que forem cometidas no território nacional.

A alternativa "E" está correta porque, de fato, enquanto o CP adotou o princípio da territorialidade temperada, mitigada ou relativa, a LCP adotou o princípio da territorialidade absoluta.

- ***(MPE-PR – Promotor de Justiça – MPE-PR – 2008)***

Sobre as contravenções penais, previstas no Decreto-lei nº 3.688/41, é correto afirmar:

A) o princípio da territorialidade tem aplicação exclusiva em se tratando de contravenção penal e, pois, não comporta a aplicação das regras previstas no art. 7º do Código Penal (extraterritorialidade). Ainda, em matéria de contravenção penal, pune-se a tentativa com a pena correspondente à infração consumada, diminuída de um a dois terços, conforme previsão do art. 14, parágrafo único, do Código Penal.

B) o princípio da territorialidade tem aplicação em se tratando de contravenção penal, mas a regra da extraterritorialidade se impõe, em caráter excepcional, apenas em relação às infrações cometidas contra o Presidente da República. Ainda, em matéria de contravenção, existe previsão expressa de que não é punível a tentativa.

C) o princípio da territorialidade tem aplicação exclusiva em se tratando de contravenção penal e, pois, não comporta a aplicação das regras previstas no art. 7º do Código Penal (extraterritorialidade). Ainda, em matéria de contravenção, existe previsão expressa de que não é punível a tentativa.

D) o princípio da territorialidade não tem aplicação exclusiva em se tratando de contravenção penal e, pois, comporta a aplicação das regras previstas no art. 7º do Código Penal (extraterritorialidade). E, em matéria de contravenção penal, pune-se a tentativa com a pena correspondente à infração consumada, diminuída de um a dois terços, conforme previsão do art. 14, parágrafo único, do Código Penal.

E) a aplicação da lei no espaço e a tentativa não são matérias tratadas de forma específica no decreto-lei que versa sobre as contravenções penais.

Resposta correta está na alternativa "C", em razão da não adoção da extraterritorialidade em matéria de contravenção penal. Sobre instituto da tentativa, discutido nas alternativas da questão, será objeto de análise à frente, mas é certo que o art. 4.º veda a punição da contravenção tentada.

- ***(Cespe – Delegado de Polícia – PE/2016)***

  O brasileiro nato, maior e capaz, que praticar vias de fato contra outro brasileiro nato

  C) responderá por contravenção penal no Brasil, ainda que a conduta tenha sido praticada em território estrangeiro.

  A alternativa "C" está errada.

- ***(Cespe – Escrivão de Polícia – GO/2016)***

  Se uma pessoa praticar vias de fato contra alguém, sem que o fato constitua crime, ela terá cometido contravenção penal. Entretanto, segundo a Lei das Contravenções Penais,

  D) se o fato ocorrer entre brasileiros e no exterior, a lei brasileira será aplicada e a pena, agravada.

  A alternativa "d" está incorreta.

- ***(Assessor Jurídico – TJPR/2012)***

  Acerca das contravenções penais, com principal previsão no Decreto7Lei nº 3.688, de 03 de outubro de 1941, assinale a alternativa correta.

  C) A lei brasileira é aplicável à contravenção praticada em território estrangeiro.

  A alternativa "C" está errada.

Art. 3º – Para a existência da contravenção, basta a ação ou omissão voluntária. Deve-se, todavia, ter em conta o dolo ou a culpa, se a lei faz depender, de um ou de outra, qualquer efeito jurídico.

1. **Revogado tacitamente.** Segundo Damásio de Jesus[2], a disposição do art. 3.º da LCP tem seu fundamento na teoria psicológico-normativa da culpabilidade, anterior à adoção pelo nosso sistema jurídico-penal da teoria normativa pura da culpabilidade, decorrente da teoria finalista da ação ou do finalismo de Welzel. Adotando os critérios da teoria psicológico-normativa, a LCP admitia que a voluntariedade seria a vontade sem conteúdo, despida de um objetivo ou da busca de qualquer

2. In Lei das Contravenções Penais Anotada, 13.ª ed. São Paulo: Saraiva, 2015, p. 39-40.

efeito e, de outro lado, haveria a vontade com conteúdo ou conteúdo da vontade, em que o querer seria dirigido a uma finalidade específica, aí sim, abarcando dolo e culpa. Portanto, segundo a dicção da primeira parte do texto legal, para a responsabilidade penal do contraventor bastaria a ação ou omissão voluntária, ainda que ausentes dolo e culpa. A própria exposição de motivos da LCP textualmente afirma que para o reconhecimento do ato contravencional prescinde-se de dolo e culpa, ou seja, contenta-se com a voluntariedade, ainda que sem nenhum conteúdo. No entanto, com a adoção pelo Código Penal do finalismo de Welzel, a ação humana passou a ser definida como o exercício de uma atividade final, ou seja, a conduta humana dirigida a um fim lícito (culpa) ou ilícito (dolo). Assim, considera-se todo tipo penal como doloso, salvo quando expressamente indicar se tratar de modalidade culposa de infração penal. **Nestes termos, vale colacionar disposto no parágrafo único do art. 18 do CP, que é aplicável às contravenções penais: *"Salvo os casos expressos em lei, ninguém pode ser punido por fato previsto como crime, senão quando o pratica dolosamente"*.**

2. **Princípio da Culpabilidade**. Guilherme Nucci[3], discordando de Damásio afirma que a disposição da LCP não está relacionada com o causalismo ou com o finalismo, nem com qualquer posição em relação ao conceito de crime e do seu elemento subjetivo, tratando-se de mera opção de política criminal. Explica Nucci que a possibilidade de punição sem dolo ou culpa decorre apenas da ideia de simplificação da punição do contraventor, já que as contravenções são tidas como infrações penais de menor importância. Todavia, independentemente da adoção da posição de Damásio ou de Nucci, ambos concordam que houve a revogação tácita do disposto no art. 3.º da LCP, porque a disposição é inconstitucional. Embora o princípio da Culpabilidade não esteja no rol dos princípios expressos da Constituição, é pacífico na doutrina que a Culpabilidade integra o rol de princípios implícitos, tendo sua matriz ideológica no Princípio da Dignidade da Pessoa Humana. Se por um lado o conceito de culpabilidade, segundo a doutrina penal, está ligado ao grau de censura e reprovação que recai sobre a conduta do agente, por outro lado, o **princípio da Culpabilidade enuncia que não haverá responsabilização penal objetiva, de modo que apenas pode ser punido penalmente aquele que praticou a conduta, ao menos, culposamente.** Isso porque,

3. In Leis Penais e Processuais Penais Comentadas, 4.ª ed.. São Paulo: Revista dos Tribunais, 2009, p. 155.

dentre as funções[4] da culpabilidade, está justamente a **vedação da responsabilidade penal objetiva**. Portanto, o art. 3.º da LCP, que admite a responsabilidade penal sem dolo ou culpa, não se sustenta frente ao princípio da culpabilidade. Reafirme-se que para a punição penal, deve haver dolo ou culpa, sendo que o art. 18, parágrafo único, do Código Penal, aplicável ao caso, é preciso ao estabelecer que toda conduta tipificada é dolosa e, quando o legislador desejar, expressamente deve prever a figura culposa da infração penal. Assim devem-se também compreender as contravenções penais.

Art. 4º – Não é punível a tentativa de contravenção.

1. **Política criminal:** embora em grande parte das contravenções penais tipificadas na LCP seja de difícil materialização a hipótese de uma modalidade tentada, de fato, há algumas contravenções penais em que a tentativa seria possível. No entanto, o legislador brasileiro optou por expressamente vedar a punição da modalidade tentada de contravenção penal. Destarte, considerou o legislador que se as contravenções penais consumadas são infrações penais menores, delitos anões, a contravenção penal tentada representaria um insignificante em matéria penal. Daí a razão pela qual a forma tentada de contravenção não mereceria tratamento da LCP. Repare-se que, na forma do art. 14, parágrafo único do CP, o crime tentado é punido com a pena do crime consumado, diminuída de um a dois terços. Neste contexto, considerando que as penas das contravenções já são muito pequenas (multas ou prisão simples de dias ou meses), a aplicação da redução da tentativa geraria penas absolutamente irrelevantes e desnecessárias.

2. **Natureza jurídica da disposição.** Segundo Damásio de Jesus[5], o disposto no art. 4.º da LCP se revela como uma causa excludente da ilicitude, na medida em que a conduta tentada permaneceria como típica, no entanto o legislador a entendeu como lícita.

---

4. A título de complementação, as outras duas funções da culpabilidade são, servir como fundamento da pena, na medida em que só é possível a aplicação de sanção penal a quem seja culpável, isto é, a quem seja imputável, tenha potencial conhecimento da ilicitude e dele não se podia exigir conduta diversa e, servir como limitador da pena, porquanto o autor da infração penal deve ser punido na medida de sua culpabilidade, de modo que a sanção penal não deve nem ficar aquém, nem além daquilo que se revela como compatível com o grau de censura que deve recair sobre a conduta.
5. Op. cit. p. 47.

Aplicação em concurso público:

- ***(Delegado de Polícia – GO/2018)***

  Sobre as contravenções penais previstas no Decreto-Lei n. 3.688, de 3 de outubro de 1941, verifica-se que:

  C) A tentativa de contravenção é punida na forma prevista pelo Código Penal.

  Alternativa "C" errada, porque as contravenções penais não são puníveis na forma tentada.

- ***(FUNCAB – Agente Penitenciário – SEGEP – MA/2016)***

  As contravenções penais:

  C) não são punidas na forma tentada.

  Alternativa "C" correta, porque, de fato, as contravenções penais não são puníveis na forma tentada.

- ***(MS Concursos – Advogado – Creci 1ª Região/2016)***

  A tentativa de recusa a receber, pelo seu valor, moeda de curso legal no país, em conformidade com a Lei de Contravenções:

  B) Não é punível.

  Correta a alternativa "B".

- ***(Cespe – Delegado de Polícia – PE/2016)***

  O brasileiro nato, maior e capaz, que praticar vias de fato contra outro brasileiro nato

  D) responderá por contravenção, na forma tentada, se tiver deixado de praticar o ato por circunstâncias alheias a sua vontade.

  A alternativa "D" está errada.

- ***(Cespe – Delegado de Polícia – BA/2013)***

  A tentativa de contravenção, mesmo que factível, não é punida.

  A assertiva está correta.

- ***(Cespe – Delegado de Polícia – AL/ 2012)***

  Apesar de, no campo fático, ser possível ocorrer a tentativa de contravenção penal, esta, quando se desenvolve na forma tentada, não é penalmente alcançável.

  A assertiva está correta.

- ***(Cespe – Juiz de Direito Substituto – DF/2016)***

  No que concerne à legislação penal extraordinária, assinale a opção correta.

D) A tentativa de contravenção penal não é passível de punição legal.

A alternativa "D" está correta.

- ***(Cespe – Escrivão de Polícia – GO/2016)***

  Se uma pessoa praticar vias de fato contra alguém, sem que o fato constitua crime, ela terá cometido contravenção penal. Entretanto, segundo a Lei das Contravenções Penais,

  C) ela responderá por tentativa de contravenção, se o fato ocorrer por circunstância própria da vontade dela.

  A alternativa "c" está incorreta.

- ***(Funiversa – Delegado de Polícia – PC – DF/2015)***

  Com base na doutrina majoritária, na jurisprudência, no CP e na Lei de Contravenções Penais, assinale a alternativa correta.

  E) Nos termos da Lei das Contravenções Penais, é punível a tentativa de contravenção.

  A alternativa "E" está errada.

- ***(Vunesp – Atendente de Necrotério Policial – PC – SP/2014)***

  As contravenções penais se diferenciam dos crimes, pois aquelas não

  A) geram antecedentes criminais (LCP, art. 7.º).

  B) são punidas na forma tentada (LCP, art. 4.º).

  C) são processadas por ação penal de iniciativa pública (LCP, art. 17).

  D) geram reincidência (LCP, art. 7.º).

  E) admitem pena de prisão, apenas multa (LCP, art. 9.º).

  A resposta da questão é a alternativa "B".

Art. 5º – As penas principais são:

I – **prisão simples.**

II – **multa.**

1. **Prisão simples.** A prisão simples é a prisão das contravenções penais. Permanece a legislação brasileira distinguindo entre três espécies de pena de prisão, quais sejam, a reclusão, a detenção e a prisão simples[6].

6. A doutrina critica a distinção, sugerindo a unificação de todas no gênero comum "pena de prisão", sendo que caberia ao magistrado, tão somente definir o regime prisional (fechado, semiaberto ou aberto) em que seria cumprida a pena de prisão. Por todos, leia-

A reclusão e a detenção estão restritas aos crimes, enquanto que a prisão simples está restrita às contravenções penais.

Aplicação em concurso público:

- ***(Cespe – Delegado de Polícia – PE/2016)***

  O brasileiro nato, maior e capaz, que praticar vias de fato contra outro brasileiro nato

  B) poderá ser condenado a penas de reclusão, de detenção e de multa.

  A alternativa "B" está errada.

- ***(Vunesp – Investigador de Polícia – PC – SP/2014)***

  Com relação ao crime e à contravenção, assinale a alternativa correta.

  A) A contravenção penal somente pode ser apenada com detenção.

  B) O crime é infração penal menos grave do que a contravenção.

  C) A contravenção poderá ser dolosa ou culposa.

  D) A contravenção penal poderá ser apenada com prisão simples.

  E) O crime é doloso e a contravenção, culposa.

  Resposta: Letra D

- ***(FCC – Técnico Judiciário TPJ – Judiciária e Administrativa – TJ – PE/ 2012)***

  Para as contravenções penais, a lei prevê a aplicação isolada ou cumulativa das penas de

  A) prisão simples e detenção.

  B) reclusão e detenção.

  C) multa e prisão simples.

  D) detenção e multa.

  E) reclusão e prisão simples.

  Resposta: Letra C

- ***(VUNESP- Fotógrafo Técnico Pericial - PC-SP/ 2014)***

  Considera-se, consoante o art. 1.º da Lei de Introdução ao Código Penal, contravenção a infração penal a que a Lei comina pena(s)

  A) de prisão simples ou multa.

  B) privativa de liberdade.

  C) de reclusão ou de detenção.

  D) restritiva de direitos.

---

se Guilherme Nucci, *in* Leis Penais e Processuais Penais Comentadas, 4.ª ed.., São Paulo: Revista dos Tribunais, 2009, p. 157, nota 11, ao art. 5.º.

E) privativas e restritivas de liberdade

Resposta: Letra A

- ***(CESPE – Oficial de Promotoria – MPE-RR/2008)***

  A diferença entre crime e contravenção penal consiste na aplicação de pena de reclusão ao primeiro e, ao segundo, pena de detenção ou multa.

  Alternativa ERRADA

- ***(VUNESP – Exame de Ordem – OAB-SP/2007)***

  A respeito das contravenções penais, assinale a opção correta.

  A) As penas privativas de liberdade tratadas na lei das contravenções penais são de prisão simples.

  B) A lei das contravenções penais foi revogada, tendo algumas das condutas sido transformadas em infrações administrativas e outras, em infrações criminais.

  C) A contravenção penal de porte de arma não foi revogada pela lei de armas de fogo - Lei n.º 10.826/2003.

  D) As contravenções penais de vadiagem e mendicância foram revogadas após a ratificação do Brasil à Convenção Americana de Direitos Humanos.

  Resposta: Letra A

- ***(TJMT – Juiz Leigo – 2018)***

  Para as contravenções penais, a lei prevê.

  A) A aplicação isolada ou cumulativa das penas de reclusão e detenção.

  B) Multa e prisão simples.

  C) Detenção e multa.

  D) Reclusão e prisão simples.

  Resposta: Letra B

2. **Dosimetria da pena de prisão simples.** Na forma do art. 1.º da LCP, aplicando-se subsidiariamente as disposições do Código Penal, tem-se que **o magistrado deverá adotar o sistema trifásico de aplicação da pena de prisão simples**, na forma do art. 68 do Código Penal. Isso significa dizer que deverá inicialmente fixar a pena-base, de acordo com a análise das circunstâncias judiciais do art. 59 do CP; em seguida, se presentes, fazer incidir sobre a pena-base fixada as agravantes e atenuantes, atingindo assim a pena intermediária e; por fim, se houver, aplicar as frações de aumento e/ou redução decorrentes, respectivamente, das causas de aumento (majorantes) e/ou de diminuição de pena (minorantes).

3. **Pena de multa.** A pena de multa se refere à **pena pecuniária,** ou seja, ao pagamento de determinado valor, como sanção penal em razão da contravenção penal praticada. Tal valor será **destinado ao fundo penitenciário**. Vale recordar que a pena de multa pode ser cominada **isolada ou cumulativamente** com a pena privativa de liberdade. Também convém alertar que a pena de multa **não se confunde com a prestação pecuniária**, que é espécie de pena restritiva de direitos, prevista no art. 43, I do Código Penal.

4. **Aplicação da pena de multa.** Da mesma forma que na dosimetria da prisão simples, diante da omissão da LCP, a aplicação da pena de multa deve respeitar os critérios adotados pelo Código Penal, de modo que a pena de multa deve ser fixada em dias-multa, no intervalo de 10 a 360 dias-multa (art. 49 do CP), sendo que cada dia-multa deverá corresponder ao valor equivalente a 1/30 do salário mínimo até 5 salários mínimos vigentes à época do fato (art. 49, §1.º, do CP). Na forma do art. 49, §2.º, do CP, o valor da multa será corrigido monetariamente por ocasião da execução, o que significa dizer, na data do pagamento. Vale lembrar que é pacífico na doutrina e na jurisprudência que a pena de multa deve ser aplicada de maneira proporcional à pena privativa de liberdade.

▸ **STJ**

> HABEAS CORPUS SUBSTITUTIVO DE RECURSO ESPECIAL. DIREITO PENAL. ROUBO QUALIFICADO. FIXAÇÃO DA PENA-BASE ACIMA DO MÍNIMO LEGAL. PROPORCIONALIDADE ENTRE OS FUNDAMENTOS JUDICIAIS E A EXASPERAÇÃO DA REPRIMENDA. MOTIVAÇÃO VÁLIDA. PENA DE MULTA QUE NÃO GUARDA PROPORCIONALIDADE COM A PENA PRIVATIVA DE LIBERDADE. ATENUANTE DA CONFISSÃO ESPONTÂNEA. COMPENSAÇÃO COM AGRAVANTE DA REINCIDÊNCIA. ORDEM DE HABEAS CORPUS NÃO CONHECIDA. HABEAS CORPUS CONCEDIDO DE OFÍCIO. [...] 4. **Conquanto a fixação da pena de multa fique à discricionariedade do julgador, este deve se nortear dentro dos parâmetros estabelecidos no preceito secundário do tipo penal violado, atentando, sempre, para que a quantidade de dias-multa aplicada e o quantum de reprimenda corporal, quando previstas simultaneamente, sejam proporcionais.** (HC 239.173/GO, Rel. Ministra LAURITA VAZ, QUINTA TURMA, julgado em 12/08/2014, DJe 22/08/2014)

Art. 6º – A pena de **prisão simples** deve ser cumprida, **sem rigor penitenciário**, em **estabelecimento especial ou seção especial** de prisão comum, em regime **semi-aberto ou aberto**. (Redação dada pela Lei nº 6.416, de 24.5.1977)

§ 1º O condenado a pena de prisão simples fica sempre **separado dos condenados a pena de reclusão ou de detenção.**

§ 2º O **trabalho é facultativo**, se a pena aplicada, **não excede a quinze dias.**

1. **Cumprimento da pena de prisão simples.** Ao estabelecer o legislador que a pena de prisão simples deve ser cumprida sem rigor penitenciário, deixou claro que a pena de prisão simples não pode ser cumprida segundo as regras do regime fechado. Isso porque, a penitenciária é o local destinado ao cumprimento de pena de reclusão, em regime fechado, como se extrai do art. 87 da Lei de Execução Penal (LEP). Na verdade, o legislador imaginou, na LEP e no CP, pelo menos, três espécies de estabelecimentos prisionais: a penitenciária, para o regime fechado, as colônias penais (agrícola e industrial), para o regime semiaberto e, a casa de albergado, para o regime aberto. Na LCP, vislumbrou a possibilidade de um "estabelecimento especial" para a prisão simples sem, contudo, explicitar em que consistiria o mesmo. Desta forma, na ausência do tal estabelecimento especial para contraventores, a prisão simples, sendo em regime semiaberto ou aberto, deve ser cumprida em colônia penal ou casa de albergado.

Aplicação em concurso público:

- ***(Cespe – Analista Legislativo – Consultor Legislativo/2014)***

  De acordo com a Lei de Contravenções Penais (Decreto-lei no 3.688/1941), as penas principais aplicáveis às contravenções penais são as de multa e prisão simples, devendo esta última ser cumprida sem rigor penitenciário, em estabelecimento especial ou seção especial de prisão comum, exclusivamente em regime aberto.

  Alternativa ERRADA.

- ***(Procurador – TCE-AL/2008)***

  Quanto às contravenções penais, é possível afirmar que

  E) a pena pode ser cumprida, inicialmente, em regime fechado.

  A alternativa "E" está errada.

- ***(Assessor Jurídico – TJPR/2012)***

  Acerca das contravenções penais, com principal previsão no Decreto-Lei nº 3.688, de 03 de outubro de 1941, assinale a alternativa correta.

  B) A pena de prisão simples deve ser cumprida com rigor penitenciário e em regime fechado.

  A alternativa "B" está incorreta.

2. **Ausência de colônias penais e separação dos presos.** Se o executivo não criou os "estabelecimentos especiais" mencionados pela LCP, também é verdade que não se esforçou o Estado para criar as colônias agrícolas e industriais, praticamente inexistentes no território nacional. Assim, restaram somente as penitenciárias para o cumprimento das penas de prisão aplicadas pelo judiciário. O problema é que, em se tratando de prisão simples, a LCP foi expressa em vedar o seu cumprimento nas penitenciárias. A questão seria mais polêmica, não fosse a aplicação da Lei 9.099/95 às contravenções penais, já que tal legislação privilegia o desencarceramento, tornando reduzidas as possibilidades de efetiva aplicação de prisão simples, diante dos institutos despenalizadores (composição civil dos danos, transação penal e suspensão condicional do processo). Mas, no caso de ser mesmo necessário o cumprimento da prisão simples, a doutrina e a jurisprudência têm admitido seu cumprimento nas penitenciárias, desde que em seção separada dos criminosos, já que é expressa a LCP quanto à necessidade de separação dos contraventores daqueles que cumprem pena por crime. Portanto, os condenados à pena de reclusão ou detenção devem ficar separados dos condenados à pena de prisão simples. Neste contexto, urge ressaltar que a solução comumente encontrada é a colocação do indivíduo em prisão domiciliar, em observância à súmula vinculante n.º 56.

▶ **STF**

> Súmula vinculante n.º 56 – A falta de estabelecimento penal adequado não autoriza a manutenção do condenado em regime prisional mais gravoso, devendo-se observar, nessa hipótese, os parâmetros fixados no RE 641.320/RS.

Aplicação em concurso público:

- ***(Assessor Jurídico – TJPR/2012)***

  Acerca das contravenções penais, com principal previsão no Decreto-Lei nº 3.688, de 03 de outubro de 1941, assinale a alternativa correta.

  D) O condenado à pena de prisão simples deverá cumprir pena junto dos condenados apenados com reclusão ou detenção.

  A alternativa "D" está incorreta.

3. **Regime fechado.** Não é aplicável às contravenções penais. Recorde-se que o art. 33 do CP, ao tratar dos regimes prisionais, fixou que a pena de reclusão pode ser cumprida em regime fechado, semiaberto ou aberto e que a pena de detenção deve ser cumprida em regime semiaberto ou aberto, salvo necessidade de transferência ao regime fechado, se referindo, é claro, à possibilidade de regressão de regime. Por sua vez, nada

se mencionou no CP, nem na LCP, sobre a possibilidade de regressão de regime ao regime fechado. Damásio de Jesus[7] afirma que seria possível a transferência do contraventor ao regime fechado, na forma do art. 33 do CP, inclusive, citando jurisprudência do extinto Tribunal de Alçada de São Paulo. No entanto, ousamos discordar, em primeiro, porque a LCP é expressa no sentido de que a prisão simples deve ser cumprida sem rigor penitenciário e o regime fechado é cumprido na penitenciária, segundo a LEP (art. 87); em segundo, porque a LCP também é expressa ao fixar que a prisão simples é cumprida em regime aberto ou semiaberto e, em terceiro, porque quando o legislador, no art. 33 do CP, admitiu a regressão da pena de detenção ao regime fechado, o fez de forma expressa, sendo que o silêncio com relação à prisão simples é eloquente, ou seja, quer dizer que a vedação da regressão da prisão simples ao regime fechado foi uma opção do legislador, não cabendo ao intérprete ignorá-la. Inclusive, o legislador penal, na reforma de 1984, teve oportunidade de repensar a LCP e não o fez, mantendo inalterado o art. 6.º. Relembre-se, aqui, a súmula vinculante n.º 56, colacionada alhures.

▶ **STF**

> PENA – REGIME DE CUMPRIMENTO – CONTRAVENÇÃO. **Vulnera o disposto no artigo 6.º da Lei de Contravenções Penais – Decreto-Lei n. 3.688, de 03 de outubro de 1941 – o recolhimento do réu, para cumprimento da pena imposta, a cadeia pública, sabidamente em condições mais gravosas do que as reveladas pelo regime fechado mantido em penitenciarias.** A pena de prisão simples deve ser cumprida sem rigor penitenciário, em estabelecimento especial ou seção especial de prisão comum, em regime semi-aberto ou aberto. (HC 69971, Relator(a): Min. MARCO AURÉLIO, Segunda Turma, julgado em 02/03/1993, DJ 23-04-1993 PP-06922 EMENT VOL-01700-04 PP-00745)

Aplicação em concurso público:

- ***(Delegado de Polícia – GO/2018)***

  Sobre as contravenções penais previstas no Decreto-Lei n. 3.688, de 3 de outubro de 1941, verifica-se que:

  E) A pena de prisão simples não pode ser cumprida em regime fechado, mesmo em caso de regressão de regime.

  A alternativa "e" está correta. Não é possível o cumprimento da prisão simples em regime fechado.

7. In Lei das Contravenções Penais anotada. 13.ª ed. São Paulo: Saraiva, 2015, p. 50.

4. **Trabalho do contraventor**. A Constituição de 1988, em seu art. 5.º inciso XLVII, alínea "c", considerou como pena vedada no ordenamento jurídico brasileiro a pena de trabalhos forçados. Entendemos que o trabalho forçado é aquele trabalho sem contrapartida, ou seja, o trabalho escravo. A LEP estabeleceu que o trabalho do preso é obrigatório (art. 31) e sua recusa configura falta grave (art. 52, VI c/c 39, V), mas que o mesmo deve ser remunerado (art. 29), havendo ainda a remição da pena pelo trabalho (art. 126), de modo que há evidente contrapartida pelo trabalho desempenhado, não se caracterizando a inconstitucionalidade. No caso da prisão simples, aplicam-se as disposições inerentes ao trabalho do preso fixadas na LEP, com a ressalva de que o trabalho para aquele contraventor cuja pena é inferior a 15 dias de prisão simples é facultativo. Ao contrário, apenas estão obrigados ao trabalho os contraventores cuja pena de prisão simples supere 15 dias.

Aplicação em concurso público:

- ***(Cespe – Delegado de Polícia – PE/2016)***

  O ordenamento penal brasileiro adotou a sistemática bipartida de infração penal — crimes e contravenções penais —, cominando suas respectivas penas, por força do princípio da legalidade. Acerca das infrações penais e suas respectivas reprimendas, assinale a opção correta.

  E) O condenado por contravenção penal, com pena de prisão simples não superior a quinze dias, poderá cumpri-la, a depender de reincidência ou não, em regime fechado, semiaberto ou aberto, estando, em quaisquer dessas modalidades, obrigado a trabalhar.

  A alternativa "E" está errada, pois sendo a pena não superior a 15 dias, o trabalho não é obrigatório.

5. **Concurso de crimes e contravenção.** Na hipótese de condenação por crime e também por contravenção, a pena de reclusão ou detenção deve ser executada antes da prisão simples, na forma do art. 76, do Código Penal.

Art. 7º – Verifica-se a reincidência quando o agente **pratica uma contravenção depois** de passar em julgado a sentença que o tenha **condenado, no Brasil ou no estrangeiro, por qualquer crime, ou, no Brasil, por motivo de contravenção.**

1. **Reincidência.** Em linhas gerais, para a configuração da reincidência, há três fatores que são indispensáveis: prática de crime anterior, trânsito em julgado da sentença condenatória e prática de novo crime ou

contravenção penal. Especificamente, tratando-se de contravenções penais, haverá reincidência quando o agente comete uma contravenção penal depois de já ter sido condenado definitivamente por um crime anterior, no Brasil ou no exterior, ou por outra contravenção penal no Brasil. Então, se a hipótese for de cometimento de anterior contravenção penal no exterior, isso não gera reincidência. Como alertamos nos comentários ao art. 2.º da LCP, o Brasil não tem interesse nem mesmo em punir as contravenções praticadas fora do território nacional – porquanto a extraterritorialidade se aplica apenas aos crimes – muito menos faria sentido considerá-las para fins de reincidência.

Aplicação em concurso público:

- ***(Cespe – Escrivão de Polícia – PC – GO/2016)***

  Se uma pessoa praticar vias de fato contra alguém, sem que o fato constitua crime, ela terá cometido contravenção penal. Entretanto, segundo a Lei das Contravenções Penais,

  A) ela será considerada reincidente se tiver cometido crime no exterior, com sentença condenatória transitada em julgado.

  B) ela será considerada reincidente se tiver cometido qualquer crime no Brasil, ainda que a sentença condenatória não tenha transitado em julgado.

  C) ela responderá por tentativa de contravenção, se o fato ocorrer por circunstância própria da vontade dela.

  D) se o fato ocorrer entre brasileiros e no exterior, a lei brasileira será aplicada e a pena, agravada.

  E) ela será considerada reincidente se tiver cometido anteriormente contravenção penal no exterior.

  Resposta: alternativa A

2. **Reincidência real e reincidência ficta.** Embora, particularmente, não vislumbramos efeito prático relevante na distinção entre reincidência real e reincidência ficta, é importante mencionar a existência das duas espécies: a reincidência real na hipótese de cometimento de nova contravenção após ter o agente cumprido pena por crime ou contravenção anterior e, a reincidência ficta quando o agente já foi condenado por crime ou contravenção anterior, sem que tenha efetivamente cumprido a pena.

3. **Contravenção anterior e crime posterior.** A condenação por contravenção anterior no Brasil apenas é capaz de configurar a reincidência em relação à prática de nova contravenção. Se após ser condenado por contravenção penal no Brasil, o agente comete um novo crime, não há

que se falar em reincidência, porquanto o art. 63 do CP é claro no sentido de que apenas a condenação por crime anterior gera reincidência em relação a novo crime. Portanto:

Condenação por crime anterior	+	Prática de novo crime	**Reincidente**
Condenação por contravenção anterior no Brasil	+	Prática de nova contravenção	**Reincidente**
Condenação por contravenção anterior no Exterior	+	Prática de nova contravenção	**Primário**
Condenação por crime anterior	+	Prática de nova contravenção	**Reincidente**
Condenação por contravenção anterior	+	Prática de novo crime	**Primário**

Aplicação em concurso público:

- ***(Delegado de Polícia – GO/2018)***

  Sobre as contravenções penais previstas no Decreto-Lei n. 3.688, de 3 de outubro de 1941, verifica-se que:

  B) Não há reincidência quando o agente pratica uma contravenção depois de passar em julgado a sentença que o tenha condenado, no Brasil, por motivo de contravenção.

  A alternativa "b" está incorreta, na medida em que haverá reincidência na hipótese de condenação anterior, no Brasil, por outra contravenção.

- ***(Analista processual – DPE-RS/2017) Quanto à aplicação da pena:***

  D) não há reincidência quando o agente pratica uma contravenção depois de transitar em julgado uma sentença que, no Brasil, o tenha definitivamente condenado por um crime, mas, diversamente, verifica-se, no entanto, a reincidência quando o agente pratica um crime depois de passar em julgado uma sentença que, no Brasil, o tenha condenado por uma contravenção.

  A alternativa "d" está incorreta, como exposto no quadro acima.

- ***(FEPESE – Defensor Público – SC/ 2012)***

  O Código Penal brasileiro, a Lei de Contravenções Penais e a legislação penal extravagante cominam as consequências penais e estabelecem as regras para a sua aplicação e execução. Sobre a cominação, a aplicação e a execução penal, é correto afirmar:

B) A reincidência é uma circunstância agravante que não se configura quando o agente, após ter sido condenado, em sentença penal transitada em julgado, pela prática de contravenção penal, comete qualquer crime em território nacional ou fora dele.

A alternativa B está correta

- ***(FCC – Procurador – TCE – AL/ 2008)***

Quanto às contravenções penais, é possível afirmar que

B) geram reincidência, se praticadas após condenação definitiva por crime.

A alternativa B está correta

- ***(Cespe – Delegado de Polícia – PE/2016)***

O brasileiro nato, maior e capaz, que praticar vias de fato contra outro brasileiro nato

A) será considerado reincidente, caso tenha sido condenado, em território estrangeiro, por contravenção penal.

C) responderá por contravenção penal no Brasil, ainda que a conduta tenha sido praticada em território estrangeiro.

As alternativas "A" e "C" estão erradas.

- ***(Cespe – Escrivão de Polícia – GO/2016)***

Se uma pessoa praticar vias de fato contra alguém, sem que o fato constitua crime, ela terá cometido contravenção penal. Entretanto, segundo a Lei das Contravenções Penais,

A) ela será considerada reincidente se tiver cometido crime no exterior, com sentença condenatória transitada em julgado.

B) ela será considerada reincidente se tiver cometido qualquer crime no Brasil, ainda que a sentença condenatória não tenha transitado em julgado.

E) ela será considerada reincidente se tiver cometido anteriormente contravenção penal no exterior.

A letra A está correta. Estão incorretas as letras B e E, conforme se observa no quadro acima.

4. **Limites à reincidência.** O art. 64 do CP se aplica integralmente às contravenções penais, de modo que para efeito de reincidência "não prevalece a condenação anterior, se entre a data do cumprimento ou extinção da pena e a infração posterior tiver decorrido período de tempo superior a 5 (cinco) anos, computado o período de prova da suspensão ou do livramento condicional, se não ocorrer revogação" e "não se consideram

os crimes militares próprios e políticos". Assim, elimina-se em nosso ordenamento jurídico a perpetuidade dos efeitos de uma condenação anterior.

5. **Período depurador de cinco anos**. Sobre o período de cinco anos previsto no art. 64, I do CP, o mais importante é compreender o termo inicial do prazo. Então, é preciso ficar atento que se ao condenado pelo crime anterior foi concedida a suspensão condicional da pena – sursis (art. 77 do CP) ou o livramento condicional (art. 83 do CP), o período de prova será computado para fins de contagem do prazo de cinco anos. O período de prova é o tempo durante o qual a pena fica suspensa, no caso do sursis, ou o tempo de cumprimento do livramento condicional. Assim, quando o juiz da condenação concede o sursis na sentença será designada, pelo juiz responsável pela execução da pena, uma audiência admonitória para que o sentenciado seja advertido das condições do sursis. O termo inicial do prazo será, portanto, a data da audiência admonitória. Por sua vez, quando o juiz da execução concede o benefício do livramento condicional, será realizada a cerimônia de livramento, que ocorre nas dependências da unidade prisional. Assim, o prazo de cinco anos será contado a partir de tal cerimônia. Obviamente, se no curso do período de prova houve a revogação, seja do sursis, seja do livramento, o apenado deverá iniciar o cumprimento da pena, no caso do sursis, ou retomar o cumprimento da mesma no caso do livramento condicional e, por isso, o período de cinco anos restou interrompido e não poderá ser considerado.

6. **Crimes militares.** Sobre os crimes militares, é importante esclarecer que os mesmos se dividem em crimes militares próprios e crimes militares impróprios. Os primeiros são aqueles que apenas um militar pode cometer, de modo que se uma pessoa que não ostenta a condição de militar pratica a conduta, a mesma será tida por atípica, como por exemplo, a deserção. Os segundos, são aqueles que, embora estejam previstos também como delitos militares, podem ser praticados por quem não ostente esta condição, como por exemplo, o peculato. Para configuração da reincidência, apenas servem os crimes militares impróprios. **Tratando-se de crime militar próprio afastada está a reincidência.**

7. **Crimes políticos.** Sobre os crimes políticos, podem ser também próprios ou impróprios, sendo que os crimes políticos próprios são aqueles em que o bem jurídico protegido é, exclusivamente, o sistema de segurança ou organização interna ou externa do Estado, como por exemplo o crime do art. 22 da Lei 7.170/83 (Lei de Segurança Nacional). Os crimes políticos impróprios são aqueles que, além de atentarem contra a segurança nacional ou a organização do Estado, também violam bens

jurídicos protegidos pela legislação ordinária, como no caso de extorsão mediante sequestro por inconformismo político ou para obtenção de fundos destinados à manutenção de organizações políticas clandestinas ou subversivas (art. 20 da Lei 7.170/83). No entanto, diferentemente do que ocorre com os crimes militares, a legislação penal não fez distinção quanto ao fato de os crimes políticos serem próprios ou impróprios, de modo que, **seja qual for a espécie de crime político, está afastada a reincidência por conta do mesmo.**

8. **Tecnicamente primário**. A expressão "tecnicamente primário" se refere àquele indivíduo que foi condenado anteriormente, mas a condenação anterior não serve para configurar a reincidência, seja porque ultrapassado o período depurador de 05 anos, previsto no art. 64, I do CP, seja porque a condenação anterior não configura a reincidência, nos casos de crimes militares e políticos (art. 64, II, CP) e da prática de contravenção anterior e crime posterior, conforme explicado no item anterior.

9. **Reincidência e maus antecedentes.** A doutrina e a jurisprudência estavam firmes no sentido de que os maus antecedentes seriam as hipóteses de condenação anterior que não pudessem gerar a reincidência, nos termos fixados pelo art. 63 e 64 do Código Penal. Assim, na forma do art. 64, I, do CP, não prevaleceria para fins de reincidência a condenação anterior, se entre a data do cumprimento ou extinção da pena e a infração posterior tiver decorrido período de tempo superior a cinco anos, computado o período de prova da suspensão ou do livramento condicional, se não tivesse ocorrido a revogação. Embora não pudesse configurar a reincidência, se entendia que esta condenação anterior com mais de cinco anos gerava os maus antecedentes, na primeira fase de aplicação da pena. No entanto, a 2.ª Turma do STF, sob a relatoria do Min. Gilmar Mendes, entendeu que o período depurador de cinco anos também se aplica aos maus antecedentes, de modo que, condenações anteriores cujo prazo fixado no art. 64, I do CP tiver se implementado não servem para configurar nem a agravante da reincidência, nem a circunstância judicial dos maus antecedentes. Assim, para que alguém tenha maus antecedentes e seja também reincidente, deverá possuir, pelo menos, duas condenações anteriores suficientes para configurar a reincidência, sendo que uma das condenações, efetivamente, tornará o agente reincidente e, a outra ou as outras condenações gerarão os maus antecedentes. **O tema está pendente de julgamento no STF, sob a sistemática da repercussão geral (Tema 150, RE 593.818, Rel. Min. Roberto Barroso)** e, portanto, não prevalece um ou outro entendimento, tendo a jurisprudência acatado decisões nos dois sentidos. Evidentemente, a

discussão se aplica às contravenções penais, observado, evidentemente, o quadro do item anterior.

► **STF**

Habeas corpus. 2. Tráfico de entorpecentes. Condenação. 3. Aumento da pena-base. Não aplicação da causa de diminuição do § 4º do art. 33, da Lei 11.343/06. 4. **Período depurador de 5 anos estabelecido pelo art. 64, I, do CP. Maus antecedentes não caracterizados. Decorridos mais de 5 anos desde a extinção da pena da condenação anterior (CP, art. 64, I), não é possível alargar a interpretação de modo a permitir o reconhecimento dos maus antecedentes.** Aplicação do princípio da razoabilidade, proporcionalidade e dignidade da pessoa humana. 5. Direito ao esquecimento. 6. Fixação do regime prisional inicial fechado com base na vedação da Lei 8.072/90. Inconstitucionalidade. 7. Ordem concedida. (HC 126315, Relator(a): Min. GILMAR MENDES, Segunda Turma, julgado em 15/09/2015, PROCESSO ELETRÔNICO DJe-246 DIVULG 04-12-2015 PUBLIC 07-12-2015)

AGRAVO REGIMENTAL EM HABEAS CORPUS. PROCESSO PENAL. DECISÃO MONOCRÁTICA. INEXISTÊNCIA DE ARGUMENTAÇÃO APTA A MODIFICÁ-LA. MANUTENÇÃO DA NEGATIVA DE SEGUIMENTO. MAUS ANTECEDENTES. PERÍODO DEPURADOR. CONTROVÉRSIA SUBMETIDA À SISTEMÁTICA DA REPERCUSSÃO GERAL. INEXISTÊNCIA DE FLAGRANTE ILEGALIDADE. AGRAVO REGIMENTAL DESPROVIDO. 1. A inexistência de argumentação apta a infirmar o julgamento monocrático conduz à manutenção da decisão recorrida. **2. O afastamento dos maus antecedentes na hipótese em que ultrapassado o prazo para reconhecimento da reincidência penal é tema pendente de julgamento, sob a sistemática da repercussão geral, nesta Corte (Tema 150, RE 593.818, Rel. Min. Roberto Barroso). 3. Diante da existência de precedentes em ambos os sentidos, e forte na ausência de definição da matéria pelo Plenário da Corte, a decisão que opta por uma das correntes não se qualifica como ilegal ou abusiva, âmbito normativo destinado à concessão de habeas corpus de ofício.** 4. Agravo regimental desprovido. (HC 132120 AgR, Relator(a): Min. EDSON FACHIN, Primeira Turma, julgado em 06/12/2016, PROCESSO ELETRÔNICO DJe-041 DIVULG 03-03-2017 PUBLIC 06-03-2017)

Art. 8º – No caso de **ignorância** ou de **errada compreensão** da lei, quando **escusáveis**, a pena pode **deixar de ser aplicada**.

1. **Perdão judicial.** O legislador, ao afirmar que a ignorância ou a errada compreensão da lei poderia gerar a não aplicação da pena, na verdade,

criou uma hipótese de perdão judicial. A decisão que concede o perdão judicial é declaratória da extinção da punibilidade (art. 107, IX, CP), não subsistindo qualquer efeito condenatório. Não se pode ter a falsa impressão de que deveria haver condenação, mas sem aplicação de pena, como se estivéssemos diante de uma pura causa de isenção de pena. Com efeito, o perdão judicial, mais do que mero benefício, é direito do acusado a partir do instante que estão preenchidos os requisitos legais. Tratando-se de direito subjetivo do réu, não lhe pode ser negado, caso estejam presentes os pressupostos legais, pois o direito garantido por lei não está ao mero arbítrio do julgador. Inclusive, se os requisitos para a concessão do perdão judicial independerem de dilação probatória, não há óbice ao pedido de arquivamento do inquérito policial pelo Ministério Público ou à rejeição da denúncia pelo juiz, até por uma questão de economia processual. Por outro lado, havendo necessidade de dilação probatória, não há outro caminho que não seja a instrução do processo. Neste ponto, merece destaque a LCP, porquanto a mesma admite que não se aplique a pena no caso de ignorância ou erro na compreensão da lei, situações que, a nosso sentir, dependem de produção de prova e, por isso, não seria viável a declaração de extinção da punibilidade com base no art. 8.º da LCP sem a devida instrução.

▶ **STJ**

> **Súmula 18** – A sentença concessiva do perdão judicial é declaratória da extinção da punibilidade, não subsistindo qualquer efeito condenatório.

2. **Ignorância**. Todos sabemos que a ninguém é dado não cumprir a lei ao argumento de que não a conhece. O Código Penal é expresso neste sentido, fixando que o desconhecimento da lei é inescusável (art. 21, primeira parte, CP). De fato, há uma presunção legal de que, uma vez publicada no Diário Oficial, a lei é de conhecimento de todos e, portanto, exigível sua obediência por todos os cidadãos. De fato, em crimes ou contravenções mais comuns, como o homicídio, o roubo, o furto, a perturbação do sossego, as vias de fato, não seria admissível que o agente alegasse o desconhecimento da lei para escapar de sua aplicação. No entanto, há casos de legislações muito antigas ou leis cuja aplicação muito raramente ocorre e, a realidade revela que o agente sinceramente ignorava a existência da norma. Para tais situações, o Código Penal previu a atenuante do art. 65, II: "desconhecimento da lei". Mais condescendente, a LCP foi além, viabilizando a não aplicação da pena, em verdadeiro perdão judicial. Assim, a ignorância quanto à existência da norma incriminadora, no caso das contravenções penais,

é hipótese de aplicação do perdão judicial e não de mera atenuante genérica do Código Penal.

Aplicação em concurso público:

- ***(Procurador – TCE-AL/2008)***

  Quanto às contravenções penais, é possível afirmar que

  D) a ignorância da lei nunca isenta de pena.

  A alternativa "D" está errada.

3. **Errada compreensão da lei.** A expressão nos remete, sem dúvida, à teoria dos erros, especificamente, ao erro de proibição. O erro de proibição interfere na consciência da ilicitude, de modo que o agente preserva o exercício de sua vontade, mas ignora a proibição legal. O erro será inescusável quando, embora sem consciência da ilicitude, o agente teria condições de ter alcançado tal consciência e não o fez. Neste caso, o legislador do Código Penal admitiu a redução da pena de um sexto a um terço (art. 21, CP). Por outro lado, o erro será escusável quando o agente não tinha consciência da ilicitude e também não teria condições de atingir tal consciência. Assim, se o agente erra com relação à proibição, ou seja, erra com relação ao conteúdo da norma de direito penal, porque compreende mal aquilo que o legislador quis dizer, a solução do Código Penal, quando este erro é desculpável ou escusável, é a exclusão da culpabilidade. Desta forma, na orientação do Código Penal, a sentença deverá ser absolutória, porquanto não seria culpável o agente. De outra margem, a LCP não possibilitou a absolvição, mas o reconhecimento do perdão judicial. Neste contexto, não há dúvida que a LCP restou mais rigorosa que o próprio Código Penal e, por isso, autores da envergadura de Guilherme Nucci[8] defendem que houve a derrogação do art. 8.º da LCP no que tange ao erro de compreensão da lei, devendo prevalecer a aplicação subsidiária do art. 21 do CP. É verdade que a previsão da LCP foi elaborada antes de o erro de proibição escusável ser alçado à condição de excludente de culpabilidade, no art. 21 do CP, pela reforma de 1984 e, não faria mesmo sentido que o reconhecimento do erro de proibição escusável gerasse a não culpabilidade no caso dos crimes, que são infrações mais graves, e não ocorresse o mesmo com as contravenções penais, que são infrações menos graves.

8. Op. cit., p. 160.

Art. 9º – A multa converte-se em prisão simples, de acordo com o que dispõe o Código Penal sobre a conversão de multa em detenção.

Parágrafo único. Se a multa é a única pena cominada, a conversão em prisão simples se faz entre os limites de quinze dias e três meses.

1. **Revogado**. O art. 9.º da LCP trata da hipótese da conversão da pena de multa em prisão simples, fazendo referência ao Código Penal quanto à conversão da multa em detenção. No entanto, a Lei 9.268/96, alterou substancialmente a redação do art. 51 do CP que trazia tal previsão, passando a tratar a pena de multa como dívida de valor, aplicando-se as normas relativas à dívida ativa da Fazenda Pública, inclusive no que concerne às causas interruptivas e suspensivas da prescrição. Assim, não há mais que se falar no Código Penal em conversão da pena de multa em detenção. Por consequência, o disposto no art. 9.º da LCO restou esvaziado, perdendo o sentido, sendo o caso de revogação tácita da disposição legal. De fato, não subsiste mais a hipótese de conversão da pena de multa em prisão, mesmo que, solvente, o condenado não efetue o pagamento da multa.

Aplicação em concurso público:

- ***(Procurador – TCE-AL/2008)***

  Quanto às contravenções penais, é possível afirmar que

  C) a pena de multa, se não paga, deve ser convertida em prisão simples.

  A alternativa "C" está errada.

2. **Aplicação do art. 51 do CP.** Por outro lado, aplica-se integralmente às contravenções penais a disposição do atual art. 51 do Código Penal, de modo que, condenado o contraventor à pena de multa, caso não efetue o pagamento, a multa será tratada como dívida de valor e assim deverá ser executada. Sobre a competência para a execução da pena de multa, nada obstante alguma divergência doutrinária, após a alteração do art. 51 do CP, os tribunais superiores firmaram entendimento de que a competência para a cobrança é da Fazenda Pública e não do juízo da execução penal, entendimento, inclusive, sumulado pelo STJ (súmula 521).

▶ **STF**

> Execução penal. Agravo regimental no habeas corpus. Crimes financeiros – arts. 4º e 22 da Lei n. 7.492/86. Pena privativa de liberdade cumulada com pena de multa. Indulto da primeira e inscrição da

segunda na dívida ativa da União. **Juízo da execução penal incompetente para analisar o pedido de indulto da multa. Competência da autoridade Fiscal.** Impetração de HHCC no TJ/SP e no STJ. Não conhecimento. Ausência de ameaça ao direito de locomoção. Objeto único da tutela em HC (CF, art. 5º, inc. LXVIII). **Impossibilidade da reconversão da multa em pena privativa de liberdade.** Fundamento não atacado. Insistência nos temas de fundo (competência do Juízo da Execução Penal e prescrição da pena de multa). **Art. 51 do Código Penal: Pena multa convertida em dívida de valor. Regência pela legislação atinente à Fazenda Pública.** Dupla supressão de instância. Inviabilidade do writ. [...] 4. Não obstante a higidez do fundamento do ato impugnado, e apenas ad argumentandum tantum, é consensual que a pena de multa pode ser alcançada pela prescrição da pretensão punitiva, nos termos do art. 114, I e II, do Código Penal, tanto a pena cominada in abstracto quanto a concretamente fixada na sentença ainda não transitada em julgado, ao passo que **a prescrição da pretensão executória da pena de multa, vale dizer, da pena resultante de sentença transitada em julgado, há de ser questionada junto à autoridade fiscal à luz do Código Tributário Nacional, por expressa disposição do art. 51 do Código Penal.** 5. Ainda a título argumentativo, **não há falar em competência do Juízo da Execução Penal para decidir a respeito da pena de multa convertida em dívida de valor. Destarte, independentemente da origem penal da sanção, a multa restou convolada em obrigação de natureza fiscal e, por essa razão, a competência para passou a ser da autoridade fiscal, por força da Lei n. 9.268/96, que deu nova redação ao art. 51 do Código Penal.** 6. Agravo regimental desprovido. (HC 115405 AgR, Relator(a): Min. LUIZ FUX, Primeira Turma, julgado em 13/11/2012, PROCESSO ELETRÔNICO DJe-246 DIVULG 14-12-2012 PUBLIC 17-12-2012)

► **STJ**

AGRAVO REGIMENTAL NO RECURSO ESPECIAL. PENA DE MULTA. CARÁTER EXTRAPENAL. COMPETÊNCIA PARA EXECUÇÃO. FAZENDA PÚBLICA. SÚMULA 521/STJ. PREQUESTIONAMENTO DE DISPOSITIVOS CONSTITUCIONAIS. IMPOSSIBILIDADE. AGRAVO PARCIALMENTE CONHECIDO E, NESTA EXTENSÃO, NÃO PROVIDO. 1. No julgamento do Recurso Especial 1.519.777/SP, sob a égide do art. 543-C do Código de Processo Civil de 1973, a Terceira Seção deste Superior Tribunal firmou o entendimento de que, "**após a nova redação do art. 51 do CP, dada pela Lei n. 9.268/1996, a pena pecuniária é considerada dívida de valor e, desse modo, possui caráter extrapenal, de forma que sua execução é de competência exclusiva da Procuradoria da Fazenda Pública.**" 2. No precedente referenciado, assinalou-se a alteração da competência para a execução da pena de multa, que passou a ser exclusiva da Fazenda Pública, conforme disposto na Súmula 521/STJ. 3. Não compete ao

Superior Tribunal de Justiça o enfrentamento de dispositivos constitucionais, ainda que para efeito de prequestionamento da matéria, sob pena de usurpação da competência do Supremo Tribunal Federal. 4. Agravo regimental conhecido em parte e, nesta extensão, não provido. (AgRg no REsp 1347196/MG, Rel. Ministro RIBEIRO DANTAS, QUINTA TURMA, julgado em 02/06/2016, DJe 15/06/2016)

Súmula 521 – A legitimidade para a execução fiscal de multa pendente de pagamento imposta em sentença condenatória é exclusiva da Procuradoria da Fazenda Pública.

3. **Prazo para pagamento.** No que se refere ao prazo para pagamento, o art. 50 do CP determina que a multa deve ser paga dentro de 10 (dez) dias depois de transitada em julgado a sentença. Por sua vez, o art. 164, §1.º, da Lei das Execuções Penais (LEP), fixa que o prazo será de 10 dias, contados da citação do condenado para pagar o valor da multa ou nomear bens à penhora. Por fim, o art. 8.º da Lei 6830/80, que trata das execuções fiscais, estatui que o executado será citado para, no prazo de 5 (cinco) dias, pagar a dívida com os juros e multa de mora e encargos indicados na Certidão de Dívida Ativa, ou garantir a execução. Nada obstante a divergência entre os textos de lei, na prática, a Vara Criminal expede a guia de execução e a mesma é remetida à Vara das Execuções Penais. Recebida a guia, o juízo da execução penal intima para pagamento em 10 dias. Não efetuado o pagamento, expede-se a certidão de dívida ativa, que será remetida para a Fazenda Estadual, competente para execução da pena de multa, nos moldes da Lei 6830/80, nos termos da posição firmada pelos tribunais superiores.

Art. 10º – A duração da pena de prisão simples **não pode, em caso algum, ser superior a cinco anos**, nem a importância das multas ultrapassar cinquenta contos.

1. **Limite da pena.** A disposição do art. 10.º da LCP apenas faz sentido quando estamos diante da hipótese de concurso de crimes ou unificação de penas. Isso porque dentre os tipos penais das contravenções, a pena mais alta cominada é de dois anos de prisão simples. Assim, as únicas hipóteses de o condenado por uma contravenção penal alcançar o cumprimento de pena superior a cinco anos seriam no caso de concurso de contravenções penais ou unificação de penas. Na verdade, trata-se de limitação semelhante ao imposto pelo art. 75 do Código Penal, que fixa o limite máximo de 30 anos para cumprimento da privação da liberdade. Vale recordar que as espécies de pena são a prisão simples, a

detenção e a reclusão e que elas não se somam para fins e unificação de penas. Assim, obviamente, ao tratar da duração da pena de prisão simples, se refere o legislador única e exclusivamente ao concurso de contravenções penais ou unificação de penas da espécie prisão simples. Assim, seja pelo concurso, seja pela unificação, o cumprimento da pena de prisão simples não pode ultrapassar cinco anos.

2. **Referência ao valor das multas.** Na forma do art. 2.º da Lei 7.209/84, que alterou a parte geral do Código Penal, ficaram canceladas na legislação especial quaisquer referências a valores de multas, substituindo-se a expressão "multa de" por "multa". Assim, na forma do art. 11 do CP, aplica-se segundo o entendimento majoritário o critério trifásico e os limites de fixação da pena de multa previstos no Código Penal, ou seja, a regra geral de 10 a 360 dias-multa, no valor de até cinco vezes o salário mínimo vigente no país.
3. **Limite da condenação na pena de multa.** O entendimento dominante é no sentido de que afastada a referência a qualquer espécie de valor da pena de multa, resta apenas o critério adotado pelo Código Penal, de modo que as únicas limitações existentes quanto à multa das contravenções penais são a quantidade máxima de dias-multa e o valor máximo de cada dia multa, já previstos no art. 49 do Código Penal. Mas mesmo assim, tais limites se referem a cada uma das contravenções cometidas, de modo que, havendo a prática de várias contravenções penais, não há mais qualquer limite à quantidade da pena de multa que se alcançará pela regra do cúmulo material, ou seja, pela soma das multas de cada uma das contravenções.
4. **Concurso de contravenções e pena de multa.** Disciplina o art. 72 do Código Penal que no concurso de crimes as multas são aplicadas distinta e integralmente. No entanto, a jurisprudência do STJ está consolidada no sentido de que a disposição do art. 72 do CP aplica-se aos concursos material e formal, não se aplicando ao crime continuado. Neste contexto, tratando-se de contravenções penais, as penas de multa devem ser somadas na hipótese de concurso formal e material, mas no caso de continuidade delitiva, aplica-se a regra da exasperação, prevista no art. 71 do Código Penal. O entendimento do STJ se baseia no fato de que no crime continuado há uma presunção legal de crime único, em que os delitos subsequentes são tidos como continuidade do crime anterior.

► **STJ**

> AGRAVO REGIMENTAL NO AGRAVO EM RECURSO ESPECIAL. APROPRIAÇÃO INDÉBITA. DOSIMETRIA DA PENA. PRIMEIRA FASE. FUNDAMENTAÇÃO CONCRETA E IDÔNEA. QUANTUM DE AUMENTO DA PENA.

DESPROPORCIONALIDADE. [...] CONTINUIDADE DELITIVA. CÁLCULO DA PENA DE MULTA. NÃO INCIDÊNCIA DO DISPOSTO NO ART. 72 DO CÓDIGO PENAL. RECURSO PARCIALMENTE PROVIDO. **1. A jurisprudência desta Corte assentou compreensão no sentido de que o art. 72 do Código Penal é restrito às hipóteses de concursos formal ou material, não sendo aplicável aos casos em que há reconhecimento da continuidade delitiva.** Desse modo, a pena pecuniária deve ser aplicada conforme o regramento estabelecido para o crime continuado, e não cumulativamente, como procedeu a Corte de origem. (AgRg no AREsp 484.057/SP, Rel. Ministro JORGE MUSSI, QUINTA TURMA, julgado em 27/02/2018, DJe 09/03/2018) ONSTITUCIONAL. PENAL. ART. 19 DA LEI DAS CONTRAVENÇÕES PENAIS. PORTE DE ARMA

Art. 11 – Desde que reunidas as condições legais, o juiz **pode suspender por tempo não inferior a um ano nem superior a três, a execução da pena** de prisão simples, bem como **conceder livramento condicional.**

1. **Sursis.** Expressamente a LCP autorizou a concessão da suspensão condicional da pena de prisão simples pelo período de um a três anos. No entanto, para fazer jus à suspensão, fixa a LCP que deve o condenado reunir as condições legais. Todavia, tais condições não estão previstas na LCP, de modo que resta a aplicação das condições previstas no art. 77 do Código Penal. Portanto, para o sursis, a pena de prisão simples não pode ser superior a dois anos; o condenado não pode ser reincidente em crime doloso; a culpabilidade, os antecedentes, a conduta social e a personalidade do agente, bem como os motivos e as circunstâncias do crime autorizam a concessão do benefício e; não seja cabível a substituição da pena privativa de liberdade por pena restritiva de direitos (art. 44, do CP).

2. **Condições do sursis.** Ao contrário do que afirma Damásio de Jesus[9], entendemos que as condições do art. 78, §§ 1.º e 2.º do Código Penal aplicam-se à suspensão condicional da pena de prisão simples. Argumenta Damásio que como a LCP não estabeleceu as condições da suspensão, não poderia o juiz fixar aquelas estabelecidas no Código Penal. No entanto, alinhamo-nos com Guilherme Nucci[10] no sentido de que, justamente diante da ausência de previsão na LCP sobre as condições a serem cumpridas durante o período de prova é que deve se aplicar a regra geral do Código Penal, como, aliás, é o comando do art. 1.º da

9. Op. cit., p. 60.
10. Op. cit., p. 162.

LCP. Pensar ao contrário significa que o agente, processado e condenado teria sua pena suspensa sem se submeter a qualquer condição, o que nos parece inconsistente. A única coisa que muda é que a LCP fixou período de prova menor, ou seja, de 01 a 03 anos de suspensão, o que deve ser respeitado. Fora isso, nos termos do Código Penal, deverá o condenado, no primeiro ano do prazo, prestar serviços à comunidade ou se submeter à limitação de fim de semana, bem como, se houver reparado o dano, salvo impossibilidade de fazê-lo, e se as circunstâncias do art. 59 do CP lhe forem inteiramente favoráveis, o juiz poderá substituir tal exigência pela proibição de frequentar determinados lugares; proibição de ausentar-se da comarca onde reside, sem autorização do juiz e; comparecimento pessoal e obrigatório a juízo, mensalmente, para informar e justificar suas atividades.

3. **Excepcionalidade de aplicação do Sursis.** Nada obstante a previsão legal, verdade é que a aplicação do sursis é hipótese muito rara. Recorde-se que o sursis é instituto que se aplica na sentença condenatória, ou seja, no próprio corpo da sentença penal condenatória, o juiz sentenciante, se entender cabível, aplicará a suspensão **da pena**, já fixando na sentença as condições. Após, o juiz da execução penal, ao receber a guia de execução, designará audiência admonitória, oportunidade em que o sentenciado será advertido das condições da suspensão da pena. No entanto, tratando-se de contravenções, aplicam-se os institutos despenalizadores da Lei 9.099/95, de modo que, antes de se chegar à sentença, se o acusado preencher os requisitos legais, deverão lhe ser oferecidas a transação penal e, não sendo aceita ou sendo possível o benefício, a suspensão condicional **do processo**. Não sendo o caso, no momento da sentença, antes de analisar a possibilidade do sursis, deverá o juiz verificar se estão preenchidos os requisitos dos art. 44 do Código Penal, que trata da substituição da pena privativa de liberdade por pena restritiva de direitos. Considerando os requisitos do art. 44 do CP, dificilmente tal disposição deixaria de ser aplicável em sede de contravenções. **Por fim, vale uma observação de cunho prático**. Embora haja entendimento, inclusive encampado pelo STJ, de que a suspensão condicional da pena não é uma opção do condenado, de modo que ele não pode renunciá-la e preferir cumprir a pena, tal entendimento se resume a uma concepção meramente teórico-conceitual do instituto. Isso porque, imagine que o indivíduo seja condenado à pena de prisão simples de um mês e que o juiz sentenciante tenha aplicado a suspensão de dois anos (período de prova), sob as condições dos parágrafos do art. 78 do CP. Considerando que a prisão simples, quando aplicada, tem sido cumprida em prisão domiciliar em praticamente todo o país, é

muito melhor para o condenado cumprir a pena do que cumprir o período de prova. Ainda que se entenda que o condenado não pode optar, basta que ele não cumpra as condições fixadas pelo juiz, provocando a revogação do benefício (art. 81 do CP) e, por consequência, o forçoso cumprimento da prisão simples.

4. **Livramento Condicional.** Se a aplicação do sursis já é quase que excepcional, ousamos afirmar que o livramento condicional em caso de contravenções penais trata-se de mera ilusão, sem nenhuma aplicação prática. Para que o condenado a prisão simples possa ser agraciado com o livramento condicional, terá que efetivamente, na forma do art. 83 do Código Penal, estar cumprindo pena de prisão simples igual ou superior a dois anos. Não bastasse isso, tal pena deveria estar sendo cumprida em regime semiaberto. É que estando em regime aberto, provavelmente, estaria o condenado em prisão domiciliar, já que não há, praticamente, Casas de Albergado no país. Assim, na pior das hipóteses o livramento condicional em nada modificaria a situação fática do condenado, sendo até mesmo desnecessário, conforme o caso. **O importante é saber que, embora estranhamente, a LCP ainda prevê as hipóteses de livramento condicional e de suspensão condicional da pena.**

Aplicação em concurso público:

- ***(Cespe – Juiz de Direito Substituto – DF/2014)***

  Considerando as leis que tratam das contravenções penais, de abuso de autoridade, da tortura, dos crimes de trânsito e dos crimes contra a ordem tributária, assinale a opção correta.

  C) Na lei que trata das contravenções penais, não é previsto o instituto da suspensão condicional da pena.

  A alternativa C está incorreta

Art. 12 – As penas acessórias são a publicação da sentença e as seguintes interdições de direitos:

I – a incapacidade temporária para profissão ou atividade, cujo exercício dependa de habilitação especial, licença ou autorização do poder público;

II – a suspensão dos direitos políticos.

Parágrafo único. Incorrem:

a) na interdição sob nº I, por um mês a dois anos, o condenado por motivo de contravenção cometida com abuso de profissão ou atividade ou com infração de dever a ela inerente;

b) na interdição sob nº II, o condenado a pena privativa de liberdade, enquanto dure a execução da pena ou a aplicação da medida de segurança detentiva.

1. **Revogação.** A disposição do art. 12 da LCP foi revogada tacitamente, por ocasião da reforma penal de 1984, instrumentalizada na Lei 7.209/84 que alterou a parte geral do Código Penal. De fato, a reforma da parte geral do CP extinguiu a terminologia penas acessórias, transformando-as basicamente nos chamados efeitos da condenação, dos art. 91 e 92 do Código Penal que se aplicam às condenações pela prática de contravenções penais.

2. **Efeitos da condenação.** O principal efeito da condenação é a imposição da pena, mas há outros efeitos que são produzidos pela sentença penal condenatória. No Código Penal, os efeitos da condenação se dividem em **efeitos automáticos e não automáticos**. O art. 91 do CP trata dos **efeitos automáticos (genéricos) da condenação**, que **independem de motivação** do julgador. O art. 92 do CP, se refere aos **efeitos não automáticos (específicos) da sentença condenatória**, que devem estar devidamente **fundamentados.** Os **efeitos automáticos** são: A) tornar certa a obrigação de indenizar o dano causado pelo crime, de modo que o acusado não poderá discutir no âmbito cível a existência do delito ou a sua responsabilidade pela reparação dos danos, pois a questão já está protegida pela coisa julgada, inclusive, o valor da indenização pode ser fixado pelo próprio juiz criminal (art. 387, IV, CPP); B) perda em favor da União, ressalvado o direito do lesado ou de terceiro de boa-fé dos instrumentos do crime, desde que consistam em coisas cujo fabrico, alienação, uso, porte ou detenção constitua fato ilícito e do produto do crime ou de qualquer bem ou valor que constitua proveito auferido pelo agente com a prática do fato criminoso. Os **efeitos não automáticos** são: A) a perda de cargo, função pública ou mandato eletivo nos crimes praticados com abuso de poder ou violação de dever para com a Administração Pública, cuja pena privativa de liberdade aplicada seja igual ou superior a 1 ano e o ilícito penal tenha sido praticado com abuso de poder ou violação de dever do agente para com a administração pública e; nos demais crimes, quando a pena privativa de liberdade aplicada for superior a 4 anos. B) a incapacidade para o exercício do poder familiar, tutela ou curatela, nos crimes dolosos, sujeitos à pena de reclusão, cometidos contra filho, tutelado ou curatelado. C) a inabilitação para dirigir veículo, quando utilizado como meio para a prática de crime doloso.

3. **Efeito "constitucional" da condenação**. Na forma do art. 15, III da Constituição da República de 1988, a condenação criminal transitada em julgado, enquanto durarem seus efeitos, impõe ao condenado a suspensão dos direitos políticos. Portanto, a suspensão dos direitos políticos é um efeito que decorre da norma constitucional.

4. **Entendimento minoritário. Guilherme Nucci**[11], entende ainda aplicável o disposto no art. 12 da LCP que, sendo norma especial, prevalece sobre o Código Penal, norma de caráter geral. Ademais, se baseia no fato de que a parte geral do CP apenas se aplica às contravenções penais quando a LCP não dispuser em sentido contrário. Com efeito, afirma Nucci, que apenas o nome utilizado para as disposições do art. 12, "penas acessórias" é que está inadequado ao atual paradigma inaugurado pela reforma penal de 1984, bastando que se leia "efeitos da condenação", aplicando-se normalmente as disposições do referido artigo às contravenções penais e afastando a aplicação dos art. 91 e 92 do CP.

5. **Publicação da sentença.** Sobre a **publicação da sentença**, tratada como "pena acessória", não se trata da publicação em diário oficial para fins de intimação e ciência das partes. Na verdade, para os que entendem vigente a norma, trata-se da publicação da decisão em jornal de circulação na Comarca, como determinação do juiz para fins de dar alcance perante a comunidade local sobre a decisão[12].

Art. 13 – Aplicam-se, por motivo de contravenção, as **medidas de segurança estabelecidas no Código Penal,** à exceção do exílio local.

1. **Medidas de segurança.** Na forma do art. 96 do CP as medidas de segurança são a) **internação em hospital de custódia e tratamento psiquiátrico** ou em outro estabelecimento adequado e; b) sujeição a **tratamento ambulatorial.** Segundo a regra do Código Penal, se o agente for inimputável, o juiz determinará sua internação, mas, se o fato previsto como crime for punível com detenção, poderá o juiz submetê-lo a tratamento ambulatorial. Tratando-se de contravenção penal, cuja a espécie de pena é a prisão simples, obviamente é possível, senão recomendável diante da pequenez da conduta, o tratamento ambulatorial. Vale ressaltar que a internação é cumprida em meio fechado, privando-se efetivamente a liberdade do custodiado, enquanto que o tratamento

11. Op. cit., p. 163.
12. Semelhante disposição encontra-se no art. 78, II do Código de Defesa do Consumidor.

ambulatorial é cumprido em meio aberto, apenas com a obrigação de se submeter ao acompanhamento médico, psicológico e, até mesmo, de assistência social, devendo comparecer aos locais determinados, nos dias e horários fixados para ser atendido e, se for o caso, medicado. Todavia, em qualquer fase do tratamento ambulatorial, poderá o juiz determinar a internação do agente, se essa providência for necessária para fins curativos.

2. **Caráter preventivo.** Vale ressaltar que a reforma de 1984 abandonou o sistema do "duplo binário", em que era possível a aplicação de medida de segurança e pena em relação ao mesmo fato, para adotar o **sistema "vicariante"**, quando aos inimputáveis se reserva a aplicação de medida de segurança e aos imputáveis, a aplicação de pena. Portanto, definitivamente, os inimputáveis estão sujeitos a uma medida tratativa, de modo que as medidas de segurança visam o tratamento, controle e, se possível, recuperação da saúde do indivíduo, tendo **caráter exclusivamente preventivo**. Aliás, o Código Penal é expresso no sentido de que o internado será recolhido a estabelecimento dotado de características hospitalares e será submetido a tratamento.

3. **Prazo indeterminado.** A internação ou tratamento ambulatorial será por tempo indeterminado, perdurando enquanto não for averiguada, mediante perícia médica, a cessação de periculosidade (vide comentários ao art. 16 da LCP, abaixo).

4. **Exílio local.** Revogação tácita pela reforma de 1984. Exílio local era a medida de segurança consistente na proibição de residir ou permanecer, durante um ano pelo menos, na localidade, município ou comarca em que o fato foi praticado.

Art. 14 – Presumem-se perigosos, além dos indivíduos a que se referem os ns. I e II do art. 78 do Código Penal:

I – o condenado por motivo de contravenção cometido, em estado de embriaguez pelo álcool ou substância de efeitos análogos, quando habitual a embriaguez;

II – o condenado por vadiagem ou mendicância;

III – (Revogado pela Lei nº 6.416, de 24.5.1977)

IV – (Revogado pela Lei nº 6.416, de 24.5.1977)

1. **Revogação.** Revogado tacitamente com a reforma penal de 1984, em que a nova ordem penal não admite mais a presunção de periculosidade,

salvo nos casos de inimputáveis (art. 26 e 97, CP), que são tratados como doentes mentais. Tratando-se de imputáveis, a presunção de periculosidade viola princípios básicos do direito penal, como a ofensividade ou lesividade, ou ainda tal presunção se liga a um direito penal do autor e não do fato, que também não encontra sustentação no ordenamento brasileiro.

Art. 15 – São internados em colônia agrícola ou em instituto de trabalho, de reeducação ou de ensino profissional, pelo prazo mínimo de um ano: (Regulamento)

I – o condenado por vadiagem (art. 59);

II – o condenado por mendicância (art. 60 e seu parágrafo);

III – (Revogado pela Lei nº 6.416, de 24.5.1977)

1. **Revogação.** Revogado pela reforma de 1984. Como dito acima, o sistema penal brasileiro aboliu o sistema do duplo binário, se modo que não é possível que o indivíduo, além de condenado a cumprir a pena, tenha que se submeter a qualquer outro tipo de internação. No caso do presente artigo, a internação, com prazo mínimo de um ano seria para imposição do trabalho, reeducação e ensino profissional, o que não se pode admitir no sistema vicariante.

Art. 16 – O **prazo mínimo** de duração da **internação** em manicômio judiciário ou em casa de custódia e tratamento é de **seis meses.**

Parágrafo único. O juiz, entretanto, pode, ao invés de decretar a internação, submeter o indivíduo a **liberdade vigiada.**

1. **Prazo da medida de segurança.** Ao contrário de Damásio de Jesus[13], filiamo-nos ao entendimento de que o art. 16 da LCP encontra-se plenamente vigente. Embora o Código Penal, em seu art. 97, §1.º, tenha fixado o prazo mínimo de 1 a 3 anos para as medidas de segurança, o presente artigo da LCP foi expresso em regular este prazo mínimo em 6 meses. De fato, tal disposição não representa nenhuma contrariedade ou inconsistência com o sistema penal inaugurado com a reforma de 1984 e, apenas estabelece prazo distinto quando a medida de segurança

13. Op. cit., p. 62.

for aplicada na hipótese de contravenção penal. Neste mesmo sentido, entende Nucci[14].

2. **Liberdade vigiada.** Assim como o exílio local, a liberdade vigiada, como instituto autônomo, com suas normas e requisitos próprios, está expressamente revogada pela reforma de 1984. A liberdade vigiada era a medida de segurança não detentiva que visava a gradual reabilitação do indivíduo à vida social, em liberdade, mas sob particular vigilância, sob responsabilidade da autoridade competente.

Art. 17 – A **ação penal é pública**, devendo a autoridade proceder de ofício.

1. **Ação Penal Pública Incondicionada.** Como regra no sistema jurídico-penal pátrio, a ação penal é pública incondicionada, o que significa dizer que os órgãos de persecução penal devem atuar de ofício. Ou seja, independentemente de qualquer provocação do ofendido, devem as polícias atuar e, entendendo o Ministério Público que há uma infração penal, deve oferecer a denúncia. No entanto, há hipóteses em que o ofendido deve, por seu advogado, propor a ação penal por meio da queixa-crime (ação penal privada); outras ainda em que o ofendido deve representar (art. 39, CPP) pela persecução penal do autor do fato, sendo a hipótese de ação penal condicionada à representação. No caso das contravenções penais, o art. 17 da LCP é expresso no sentido de que a ação penal é pública incondicionada. **Este é o entendimento que prevalece, mesmo porque, embasado na literalidade do texto legal.** Com efeito, o art. 100 do Código Penal é claro no sentido de que a regra é a ação pública incondicionada e, apenas quando o próprio texto de lei excepcionar é que a ação será pública condicionada ou privada.

Aplicação em concurso público:

- ***(Delegado de Polícia – GO/2018)***

  Sobre as contravenções penais previstas no Decreto-Lei n. 3.688, de 3 de outubro de 1941, verifica-se que:

  A) Admitem ação penal privada.

  A alternativa "a" está errada.

14. Op. cit., p. 165.

2. **Crítica.** Nada obstante a literalidade da LCP, a manutenção da ação penal pública incondicionada, de forma generalizada, para todas as contravenções está em desarmonia com o sistema jurídico-penal. Na verdade, a definição da espécie de ação penal guarda relação com os interesses que estão em jogo. Quanto maior o interesse público na apuração do fato, mais se justifica a opção pela ação pública incondicionada. Por outro lado, quanto maior o interesse do ofendido, menos se justifica a atuação de ofício das forças do Estado, sendo o caso de se fazer a opção legislativa pela ação penal condicionada ou pela ação penal privada. O mesmo critério deveria ter sido utilizado na LCP, de modo que contravenções penais que interessam primordialmente ao ofendido sejam propostas mediante representação ou, ainda, por meio da queixa-crime, como é o caso do art. 42 da LCP, que trata da perturbação do sossego.

Aplicação em concurso público:

- ***(Cespe – Delegado de Polícia – PE/2016)***

  O brasileiro nato, maior e capaz, que praticar vias de fato contra outro brasileiro nato

  A) será considerado reincidente, caso tenha sido condenado, em território estrangeiro, por contravenção penal.

  B) poderá ser condenado a penas de reclusão, de detenção e de multa.

  C) responderá por contravenção penal no Brasil, ainda que a conduta tenha sido praticada em território estrangeiro.

  D) responderá por contravenção, na forma tentada, se tiver deixado de praticar o ato por circunstâncias alheias a sua vontade.

  E) responderá por contravenção penal e, nesse caso, a ação penal é pública incondicionada.

  Resposta correta está na alternativa "E"

PARTE ESPECIAL

CAPÍTULO I
DAS CONTRAVENÇÕES REFERENTES À PESSOA

Fabrico, comércio, ou detenção de armas ou munição

Art. 18 – Fabricar, importar, exportar, ter em depósito ou vender, **sem permissão** da autoridade, **arma ou munição**:

Pena – prisão simples, de três meses a um ano, ou multa, de um a cinco contos de réis, ou ambas cumulativamente, **se o fato não constitui crime contra a ordem política ou social.**

1. **Derrogação.** É pacífico que houve a revogação parcial do dispositivo legal pela entrada em vigor do Estatuto do Desarmamento (Lei 10.823/06). Antes mesmo do Estatuto, a Lei 9.437/97 já havia derrogado o art. 18 da LCP, mas o Estatuto do Desarmamento também revogou a Lei 9.437/97. Assim, no que tange às armas de fogo e munição, não tem aplicação o art. 18 da LCP, sendo a hipótese de aplicação dos arts. 12, 14, 17 e 18 do Estatuto do Desarmamento.

2. **ECA.** Cumpre observar, também, a título de informação, que vender, fornecer ou entregar arma ou munição para criança ou adolescente constitui o crime do art. 242 do Estatuto da Criança e do Adolescente (Lei 8.069/90).

3. **Conceito de armas brancas.** Diante da inaplicabilidade da disposição em análise no que se refere às armas de fogo, residualmente – e por isso trata-se de derrogação – o art. 18 da LCP, segundo parte da doutrina, poderia ser aplicado na hipótese das armas brancas. As armas brancas classificam-se em próprias ou impróprias, sendo que as armas brancas **próprias** são aqueles instrumentos **destinados ao ataque e à defesa**, que não são acionados por carga explosiva, como, por exemplo, punhais, espadas e lanças. As armas brancas **impróprias** são instrumentos que **não se destinam** ao ataque e à defesa, mas tem o potencial para tanto, como, por exemplo, facas de cozinha, machados, martelos, foices, enxadas.

4. **Inaplicabilidade do dispositivo.** Analisando o tipo penal em questão, **entendemos que o dispositivo legal não tem aplicação** porque o tipo exige, expressamente, para sua configuração que a fabricação, importação, exportação, depósito e a venda ocorram **sem permissão da autoridade.** Por outro lado, não há previsão legal ou regulamentar para se pedir autorização da Polícia Federal, ou mesmo da Polícia Civil, para a realização da conduta. Assim, segundo o STF, estamos diante de uma norma penal em branco, cujo complemento não foi regulamentado pelo Estado. **Desse modo, sem a possibilidade de obter a autorização, não há que se falar no preenchimento do elemento normativo do tipo "sem permissão da autoridade" e, por conseguinte, atípica será a conduta.** Ressalte-se que a previsão constitucional (art. 21, VI, CR/88) de que a União deve conceder autorização, como também fiscalizar a produção e o comércio de material bélico não se aplica ao caso, porquanto, como bem argumenta Guilherme Nucci[15], *"não estamos na época medieval, quando se lutava com espadas, lanças e flechas, motivo pelo qual não*

15. Op. cit., p. 166.

se pode denominar este tipo de arma como material bélico". Há quem diga que a exigência de regulamentação não se aplica às armas brancas, sendo apenas exigível no caso de armas de fogo, mas não é esta a compreensão do STF, pelo menos até agora.

5. **Repercussão geral.** A questão ganhou repercussão geral, por maioria, reconhecida pelo STF e pendente de julgamento (ARE 901623) desde de 22/10/2015. Deveras, a repercussão geral se refere propriamente ao art. 19 da LCP, mas o julgamento importará na solução do impasse que se formou diante, também, do art. 18 da LCP. No entanto, convém esclarecer que no RHC 134.830, julgado em 26/10/2016, a segunda turma do STF entendeu pela inaplicabilidade do art. 19 da LCP, exatamente sob o argumento de que para obter condenação, a acusação deve demonstrar que seria necessária a licença para porte da arma em questão e não há previsão na legislação acerca da necessidade de licença de autoridade pública para porte de arma branca. Assim, trata-se de norma penal em branco sem o devido complemento. Sua aplicação, portanto, até que surja a devida regulamentação, resta paralisada.

▶ **STF**

> CONSTITUCIONAL. PENAL. ART. 19 DA LEI DAS CONTRAVENÇÕES PENAIS. PORTE DE ARMA BRANCA. PRINCÍPIO DA LEGALIDADE PENAL. ANÁLISE SOBRE A OBSERVÂNCIA DO PRINCÍPIO DA TAXATIVIDADE DA CONDUTA DESCRITA. REPERCUSSÃO GERAL RECONHECIDA. Questão relevante do ponto de vista social e jurídico. (ARE 901623 RG, Relator(a): Min. EDSON FACHIN, julgado em 22/10/2015, ACÓRDÃO ELETRÔNICO DJe-244 DIVULG 02-12-2015 PUBLIC 03-12-2015)

> Habeas Corpus. Ato infracional correspondente ao porte de arma branca imprópria – art. 19 da Lei das Contravenções Penais. 2. A questão constitucional debatida teve repercussão geral reconhecida (ARE 901.623 RG – Edson Fachin, j. 22.10.2015). O extraordinário pende de julgamento, sem determinação de suspensão de processos (art. 1.035, § 5º, do CPC). Feito em fase de cumprimento de medidas socioeducativas. Prosseguimento do julgamento do habeas corpus. 3. Princípio da legalidade (art. 5º, XXXIX). Garantia constitucional que se estende aos campos do direito das contravenções penais e do direito infracional dos adolescentes. 4. Art. 19 da Lei das Contravenções Penais: "trazer consigo arma fora de casa ou de dependência desta, sem licença da autoridade". Para obter condenação pela contravenção, a acusação deve demonstrar que seria necessária a licença para porte da arma em questão. Não há previsão na legislação acerca da necessidade de licença de autoridade pública para porte de arma branca. Norma penal em branco, sem o devido complemento. Sua

> aplicação, até que surja a devida regulamentação, resta paralisada. 5. Dado provimento ao recurso a fim de julgar improcedente a representação para apuração de ato infracional. (RHC 134830, Relator(a): Min. GILMAR MENDES, Segunda Turma, julgado em 26/10/2016, PROCESSO ELETRÔNICO DJe-258 DIVULG 02-12-2016 PUBLIC 05-12-2016)

Ainda que entendamos pela atual inaplicabilidade do dispositivo, se vier o Estado a regulamentar o procedimento para se obter a tal permissão da autoridade pública, o art. 18 terá aplicação no que se refere às armas brancas. Assim, vale prosseguir na análise do dispositivo.

6. **Núcleos do tipo.** Trata-se de tipo penal multinuclear, de ação múltipla ou conteúdo variado, havendo cinco verbos típicos: fabricar (construir), importar (fazer entrar no território nacional), exportar (fazer sair do território nacional), ter em depósito (manter a coisa em estoque, armazenada em local destinado para tanto) ou vender (entregar a coisa em troca de pagamento). Tratando-se de tipo de ação múltipla ou de conteúdo variado, a prática de mais de um dos núcleos do tipo não gera a prática de mais de uma contravenção, mas sim, infração penal única.

7. **Sujeitos ativo e passivo**. Sujeito passivo é a coletividade e o sujeito ativo pode ser qualquer pessoa.

8. **Bem jurídico protegido e objeto material.** O bem jurídico protegido é a segurança ou a incolumidade pública e o objeto material é a arma branca.

9. **Elemento normativo do tipo.** O tipo penal traz, como dito acima, um elemento normativo, qual seja: "sem permissão da autoridade", caracterizando a norma penal em branco, ainda sem regulamentação no direito brasileiro.

10. **Classificação. Tipo** doloso, infração penal comum (não exige uma qualidade especial do sujeito ativo), de mera conduta (basta a realização da conduta para a consumação do delito), de forma livre (não se exige um modo específico de atuação do sujeito ativo), de perigo abstrato (presume a lei a probabilidade de gerar dano), comissiva (praticada por meio de uma ação), instantânea (momento definido para a consumação), no caso dos núcleos fabricar, importar, exportar e vender e, permanente (consumação se alonga no tempo), no caso de ter em depósito, unissubjetiva (pode ser praticada por uma única pessoa) e plurissubsistente (pode ser praticada em mais de um ato).

Porte de arma

Art. 19 - Trazer consigo **arma fora de casa** ou de dependência desta, **sem licença** da autoridade:

Pena - prisão simples, de quinze dias a seis meses, ou multa, de duzentos mil réis a três contos de réis, ou ambas cumulativamente.

§ 1º A pena é aumentada de um terço até metade, se o agente já foi condenado, em **sentença irrecorrível**, por **violência contra pessoa.**

§ 2º Incorre na pena de prisão simples, de quinze dias a três meses, ou multa, de duzentos mil réis a um conto de réis, quem, possuindo arma ou munição:

a) deixa de fazer **comunicação** ou **entrega** à **autoridade**, quando a lei o determina;

b) permite que **alienado menor de 18 anos** ou pessoa **inexperiente** no manejo de arma a tenha consigo;

c) omite as **cautelas necessárias** para impedir que dela se **apodere facilmente** alienado, menor de 18 anos ou **pessoa inexperiente** em manejá-la.

1. **Derrogação.** Assim como no caso do art. 18 da LCP, a Lei 9.437/97 não havia revogado totalmente as disposições dos arts. 18 e 19 da LCP, mas apenas parcialmente, no que se referia às armas de fogo. No entanto, o Estatuto do Desarmamento revogou a Lei 9.437/97 e passou a regular as condutas ligadas à fabricação, comercialização, posse e porte de armas de fogo e munição. Assim, para alguns, o art. 19 da LCP mantém sua aplicabilidade no tocante às armas brancas. Neste sentido tem se posicionado também o STJ, que em julgamentos recentes, posteriores inclusive à decisão do STF de dar repercussão geral ao tema, vem entendendo pela aplicação do art. 19 do LCP quanto às armas brancas.

► **STJ**

PROCESSUAL PENAL. RECURSO ORDINÁRIO EM HABEAS CORPUS. ART. 19 DA LEI DE CONTRAVENÇÕES PENAIS. ART. 10 DA LEI N. 9437/97 E A LEI N. 10.826/03. AB-ROGAÇÃO. INOCORRÊNCIA. PORTE DE ARMA BRANCA. CONTRAVENÇÃO PENAL. RECURSO ORDINÁRIO DESPROVIDO. I - **De acordo com a jurisprudência majoritária desta Corte, o referido dispositivo não foi ab-rogado pela Lei 9.437/97 e posteriormente pela atual Lei 10.826/2003; e, sim, apenas derrogado pela novel legislação no tocante às armas de fogo, remanescendo a contravenção penal em relação às armas brancas.** No mesmo sentido: AgRg no RHC nº 331.694/SC, Sexta Turma, Rel. Min. Nefi Cordeiro, DJe de 15/12/2015 e AgRg no RHC nº 26.829/MG, Sexta Turma, Rel.

Min. Marilza Maynard (Desembargadora Convocada do TJ/SE), DJe de 6/6/2014). II – O sentido do vocábulo arma, segundo Luiz Regis Prado deve ser compreendido não só sob o aspecto técnico (arma própria), em que quer significar o instrumento destinado ao ataque ou defesa, mas também em sentido vulgar (arma imprópria), ou seja, qualquer outro instrumento que se torne vulnerante, bastando que seja utilizado de modo diverso daquele para o qual fora produzido (v.g., uma faca, um machado, uma foice, uma tesoura etc.) (Comentários ao Código Penal, 10ª ed. São Paulo: RT, p. 675). **O elemento normativo do tipo penal do artigo 19 da Lei das Contravenções Penais, "sem licença da autoridade" não se aplica às armas brancas** (Jesus, Damásio E. Lei das Contravenções Penais Anotada; 13ª ed. São Paulo: Saraiva, 2015, p. 75). Remanesce a contravenção penal do artigo 19 da LCP, pois, "para evitar o mal maior, que se traduziria em dano, o legislador pune o porte ilegal da arma, com sanção branda, cerceando a conduta perigosa para evitar a ocorrência de uma infração mais grave." (NOGUEIRA, Paulo Lúcio. Contravenções Penais Controvertidas; 4ª ed., São Paulo: EUD; 1993, p. 46). III – Assim, mesmo se tratando de porte de arma imprópria, deve-se aferir o contexto fático e o potencial de lesividade. Deste modo, observo que, no caso em exame, o paciente trazia consigo uma faca de 18 cm de lâmina (laudo – e-STJ, fl. 71) dentro de uma mochila quando caminhava à noite na região central de Belo Horizonte (denúncia – e-STJ, fls. 14-15). A notitia criminis, outrossim, foi no sentido de que o paciente teria agredido moradores de rua (e-STJ fl. 44), condições que atraem a incidência da mencionada contravenção. Recurso ordinário desprovido. (RHC 66.979/MG, Rel. Ministro GURGEL DE FARIA, Rel. p/ Acórdão Ministro FELIX FISCHER, QUINTA TURMA, julgado em 12/04/2016, DJe 22/04/2016)

PORTE ILEGAL DE ARMA BRANCA. CONTRAVENÇÃO. ART. 19 DO DECRETO-LEI N.º 3.688/41. ATIPICIDADE. INOCORRÊNCIA. REVOGAÇÃO PARCIAL PELO ESTATUTO DO DESARMAMENTO. CONSTRANGIMENTO ILEGAL NÃO CONFIGURADO. 1. **Conforme entendimento adotado por esta Corte Superior de Justiça, o art. 19 da Lei de Contravenções Penais não foi revogado pela Lei n.º 9.437/97 – que instituiu o Sistema Nacional de Armas e tipificou como crime o porte ilegal de arma de fogo – mas tão somente derrogada, na medida em que ainda continua em vigor em relação à arma branca**. 2. Habeas corpus não conhecido. (HC 255.192/MG, Rel. Ministro JORGE MUSSI, QUINTA TURMA, julgado em 02/04/2013, DJe 10/04/2013)

2. **Inaplicabilidade do dispositivo e repercussão geral.** Vide tópicos 4 e 5, nos comentários ao art. 18 da LCP, acima. Como já argumentamos, entendemos pela inaplicabilidade do disposto no art. 19 do LCP porque, da mesma forma que no art. 18, acima, não cuidou o Estado de dar

complemento à norma penal em branco, de modo que a expressão "sem licença da autoridade", não encontra meios de aplicação. Ademais, reconhecida a repercussão geral, mesmo estando pendente de julgamento, decisão posterior do STF parece sinalizar no sentido de inaplicabilidade da disposição da LCP sem o devido complemento da norma, o que se aplica tanto para o art. 18, quando para o art. 19 da LCP[16].

▶ **STF**

> **Tema 857** – Tipicidade da conduta de portar arma branca, considerada a ausência da regulamentação exigida no tipo do art. 19 da Lei das Contravenções Penais. Relator: MIN. EDSON FACHIN. Leading Case: ARE 901623 – Recurso extraordinário em que se discute, à luz dos arts. 5º, XXXIX, e 22, I, da Constituição Federal, a tipicidade, ou não, da conduta de portar arma branca, tendo em conta a ausência da regulamentação exigida no tipo do art. 19 da Lei das Contravenções Penais.

Como na hipótese do art. 18 da LCP, se vier o Estado a regulamentar o procedimento para se obter licença da autoridade pública para o porte de arma branca, o art. 19 terá aplicação. Assim, prossigamos na análise do dispositivo.

3. **Referência ao valor das multas.** Na forma do art. 2.º da Lei 7.209/84, que alterou a parte geral do Código Penal, ficaram canceladas na legislação especial quaisquer referências a valores de multas, substituindo-se a expressão "multa de" por "multa".

4. **Núcleos do tipo.** O núcleo do tipo penal é "trazer consigo", o que significa dizer que o agente deve estar portando a arma branca para que a conduta seja típica. Neste sentido, tem entendido a doutrina e a jurisprudência que a expressão trazer consigo configura a possibilidade de pronto alcance e uso da arma, o que se diferencia do simples transporte de um lugar para outro. Assim, trazer consigo quer dizer, na

---

16. Estão em tramitação no Senado Federal dois projetos de lei com o objetivo de tipificar como crime a conduta de portar arma branca: o Projeto de Lei do Senado n° 311, de 2015, do Senador Romero Jucá, que altera o Código Penal para prever o crime de porte de arma branca, com pena de um a seis meses de detenção, e agravante genérica para o uso de arma branca em crimes cometidos com violência ou grave ameaça à pessoa e; o Projeto de Lei do Senado n° 320, de 2015, do Senador Raimundo Lira, que tipifica o porte de arma branca, em lei específica, oferecendo tratamento mais rigoroso ao tema ao fixar pena de um a três anos de detenção. A Comissão de Constituição e Justiça (CCJ), em novembro de 2017, emitiu parecer pela rejeição do PLS 311 e pela aprovação do PLS 320. No entanto, o relator Senador Raimundo Lira, em dezembro de 2017 fez requerimento pela retirada da proposição, o que foi aprovado em 15/03/2018, não estando mais em tramitação o projeto de lei.

cintura, nas mãos, no porta-luvas do carro, em uma bolsa ou pasta de fácil acesso, ou seja, em qualquer situação que o acesso à arma branca seja rápido e simples. Por outro lado, afasta-se a tipicidade quando, por exemplo, a arma é transportada no porta-malas do veículo, ou em uma pasta trancada com chave, porque em tais locais a arma não está em condições de prontamente ser utilizada.

5. **Elementos normativos do tipo.** O tipo penal traz, como dito acima, um elemento normativo, qual seja: "**sem licença da autoridade**", caracterizando a norma penal em branco, ainda sem regulamentação no direito brasileiro. Mas também, há outros elementos normativos: **"fora de casa ou de dependência desta".** Em primeiro, em nosso sentir, o conceito de casa deve ser interpretado com o auxílio do tipo do art. 150 do Código Penal, que em seus parágrafos 4.º e 5.º, estabelecem que "casa" compreende qualquer compartimento habitado, aposento ocupado de habitação coletiva e compartimento não aberto ao público, onde alguém exerce profissão ou atividade, não se reconhecendo como casa para fins penais, hospedaria, estalagem ou qualquer outra habitação coletiva, enquanto aberta e a taverna, casa de jogo e outras do mesmo gênero. Em segundo, definido o conceito do que é a casa, a expressão "dependência desta" deve ser interpretada como, no quintal, jardim, garagem, desde que integrantes da propriedade.

6. **Sujeitos ativo e passivo**. Sujeito passivo é a coletividade e o sujeito ativo pode ser qualquer pessoa.

7. **Bem jurídico protegido e objeto material.** O bem jurídico protegido é a segurança ou a incolumidade pública e o objeto material é a arma branca.

8. **Classificação.** Tipo doloso, Infração penal comum (não exige uma qualidade especial do sujeito ativo), de mera conduta (basta a realização da conduta para a consumação do delito), de forma livre (não se exige um modo específico de atuação do sujeito ativo), de perigo abstrato (presume a lei a probabilidade de gerar dano), comissiva (praticada por meio de uma ação), permanente (a consumação se alonga no tempo), unissubjetiva (pode ser praticada por uma única pessoa) e plurissubsistente (pode ser praticada em mais de um ato).

9. **Causa de aumento de pena.** Diz a lei que a pena deve ser aumentada de um terço até metade, se o agente já foi condenado, em sentença irrecorrível, por violência contra pessoa. Com efeito, não se trata aqui de reincidência, porquanto o parágrafo primeiro do art. 19 não exige que a condenação seja por um fato anterior, bastando que exista a condenação irrecorrível por violência contra a pessoa. Portanto, basta

que no momento da sentença, conste na certidão de antecedentes criminais registro indicando condenação transitada em julgado por fato que implique violência contra a pessoa, ainda que o fato tenha sido posterior à contravenção do art. 19 do LCP, embora julgado mais rapidamente. Mais do que isso, também não especifica a lei sobre a violência ter origem em um crime ou em uma contravenção, de modo que em ambas as hipóteses incidirá a majorante.

10. **Tipo privilegiado.** Disciplina o parágrafo segundo do art. 19 que a pena será menor (quinze dias a três meses e multa) para quem, possuindo arma ou munição deixar de fazer comunicação ou de a entregar à autoridade, quando a lei o determinar; permitir que alienado menor de 18 anos ou pessoa inexperiente no manejo de arma a tenha consigo ou; omitir as cautelas necessárias para impedir que dela se apodere facilmente alienado, menor de 18 anos ou pessoa inexperiente em manejá-la. Entretanto, a interpretação teleológica do dispositivo nos releva que o mesmo foi evidentemente pensado para as hipóteses de arma de fogo e munição, de modo que soaria estranha a punição quando se trata de armas brancas. Ademais, não há regulamentação sobre a necessidade de comunicação da posse ou entrega da arma branca à autoridade, não há vedação legal para que menores possam manejar uma faca, por exemplo, nem mesmo há disposição que regule o armazenamento de arma branca em casa, de modo a impedir que um menor dela se apodere com facilidade. Assim, inaplicável a disposição legal.

Aplicação em concurso público:

- ***(VUNESP – Exame de Ordem – OAB-SP/2007)***

  A respeito das contravenções penais, assinale a opção correta.

  C) A contravenção penal de porte de arma não foi revogada pela lei de armas de fogo – Lei n.º 10.826/2003.

  A letra "C" está errada, na medida em que o Estatuto do Desarmamento revogou a contravenção de porte de arma

Anúncio de meio abortivo

Art. 20 – Anunciar **processo, substância ou objeto** destinado a **provocar aborto**:

Pena – multa de hum mil cruzeiros a dez mil cruzeiros.

1. **Aplicabilidade da contravenção e núcleo do tipo.** Nucci afirma que o tipo do art. 20 da LCP seria inaplicável porquanto quem anunciar

processo, substância ou objeto destinado a provocar o aborto cometeria o crime do art. 286 do Código Penal[17]. Ousamos discordar. O preceito primário do art. 286 do CP tem como núcleo do tipo o verbo "incitar", que significa estimular alguém a fazer algo, instigar, encorajar. Por sua vez, o núcleo da presente contravenção é "anunciar", que significa promover o conhecimento ou a divulgação de algo, comunicar, dar publicidade de alguma coisa, noticiar, divulgar. Nos parece que os núcleos dos tipos indicam situações distintas. Na contravenção, basta o anúncio, a publicidade, o desejo de tornar público o processo, substância ou objeto abortivo. No crime, não basta tornar público; é necessário que a conduta ultrapasse a simples publicidade, se tornando ato de incitação ao crime de aborto. Imaginemos a divulgação de um instrumento cuja utilidade seja gerar o aborto, mas com o alerta de que o aborto é crime previsto na legislação brasileira. Em nosso sentir, estamos diante de uma contravenção, mas não diante do crime. Na verdade, a solução do conflito aparente de normas entre o art. 20 da LCP e o art. 286 do CP se dará pelas técnicas de solução de antinomias (especialidade, subsidiariedade e consunção ou absorção), sendo que, se houver o anúncio e também a incitação, aplica-se o tipo do art. 286 do CP, em razão da subsidiariedade tácita, ou seja, o tipo da contravenção é elementar do tipo mais grave e, portanto, subsidiário em relação ao crime. O que significa dizer que apenas se aplica a norma do art. 20 da LCP se a conduta não configurar situação mais grave, prevista no art. 286 do CP.

2. **Anunciar processo, substância ou objeto.** Para que haja o anúncio, é necessária, evidentemente, a divulgação seja por meio impresso, ou qualquer outra mídia, inclusive nas redes sociais. Assim, a declaração em ambiente ou pesquisa científica, nas universidades com o objetivo de aprendizagem ou em qualquer meio como forma de instrução e formação não configuram o crime. Processo é a sequência de atos capazes de conduzir a um resultado esperado, ou seja, é o meio de se alcançar determinado resultado; substância é qualquer espécie de matéria, seja líquida, sólida ou gasosa e; objeto é a coisa que se pode tocar. Obviamente que o processo, a substância ou o objeto deve ser anunciado como meio abortivo. Se o anúncio for para outros fins lícitos, ainda que sirva também para causar o aborto, não haverá tipicidade.

3. **Referência ao valor das multas.** Na forma do art. 2.º da Lei 7209/84, que alterou a parte geral do Código Penal, ficaram canceladas na legislação

17. Op. cit., p. 170.

especial quaisquer referências a valores de multas, substituindo-se a expressão "multa de" por "multa".

4. **Sujeitos ativo e passivo.** Sujeito passivo é o feto e o sujeito ativo pode ser qualquer pessoa.
5. **Bem jurídico protegido e objeto material.** O bem jurídico protegido é a vida do feto, ou seja, a vida intrauterina e o objeto material é o processo, substância ou objeto abortivo.
6. **Classificação.** Tipo doloso, Infração penal comum (não exige uma qualidade especial do sujeito ativo), de mera conduta (basta a realização da conduta para a consumação do delito), de forma livre (não se exige um modo específico de atuação do sujeito ativo), de perigo abstrato (presume a lei a probabilidade de gerar dano), comissiva (praticada por meio de uma ação), instantânea (a consumação ocorre no exato momento em que se anuncia o método), unissubjetiva (pode ser praticada por uma única pessoa) e unissubsistente (praticada em ato único).

Vias de fato

Art. 21 – Praticar **vias de fato** contra alguém:

Pena – prisão simples, de quinze dias a três meses, ou multa, de cem mil réis a um conto de réis, se **o fato não constitui crime.**

Parágrafo único. Aumenta-se a pena de 1/3 (um terço) até a metade se a **vítima é maior de 60** (sessenta) anos.

1. **Núcleo do tipo.** A complexidade do tipo do art. 21 da LCP não está exatamente no núcleo do tipo "praticar", porquanto tal verbo é de simples compreensão. A dificuldade é conceituar o que seriam as "vias de fato". Na contravenção de vias de fato, o bem jurídico protegido pela norma é a integridade física. Neste contexto, a doutrina traz o conceito por exclusão, entendendo como vias de fato todo ataque ao corpo humano que não configure situação mais grave, como lesões corporais ou tentativa de homicídio, por exemplo. As vias de fato são, portanto, o empurrão, o tapa, o puxão de cabelo, entre outras condutas que, por sua natureza e intensidade, não são capazes de vilipendiar de forma importante a integridade corporal da vítima. O tapa no rosto pode até gerar uma vermelhidão passageira, sem maiores consequências físicas e não deixará de ser caracterizado como vias de fato. Por outro lado, um soco no rosto poderá causar hematoma ou lesão mais severa, em que os vestígios necessitarão de mais tempo para desaparecerem, sendo,

inclusive possível o exame de corpo de delito, até mesmo, dias depois do fato. Com efeito, não está incorreto, por exemplo, afirmar que a contravenção de vias de fato consiste no emprego de violência contra a pessoa sem a produção de lesões corporais, não podendo existir, no caso, resultado naturalístico ou material, como entendeu a banca examinadora do concurso para o Ministério Público do Paraná.

Aplicação em concurso público:

- ***(MPE-PR – Promotor de Justiça – MPE – PR/2014)***

  Sobre as previsões típicas penais do Decreto-Lei nº 3.668/41, é incorreto afirmar que:

  E) A prática da contravenção de vias de fato consiste no emprego de violência contra a pessoa sem a produção de lesões corporais, não podendo existir, no caso, resultado naturalístico ou material.

  A alternativa "e" está correta.

- ***(Agente de polícia – PC-AP/2017)***

  Constituem contravenções penais previstas no Decreto-Lei n° 3.688/1941:

  II. Praticar vias de fato contra alguém.

  O item "II" está correto.

2. **Tipo subsidiário.** Pelo exposto no item acima, fica clara a noção de que a contravenção de vias de fato é um tipo penal subsidiário em relação à lesão corporal, por exemplo. Pelo critério da subsidiariedade, o art. 21 da LCP apenas se aplica se não houver outra infração penal de maior gravidade aplicável ao caso. No caso do art. 21 da LCP, o próprio tipo ressalva a possibilidade de incidência do tipo mais grave (subsidiariedade expressa). Por outro lado, a título de informação, a subsidiariedade será tácita quando o tipo subsidiário for elementar ou circunstância do tipo mais grave, sem que a relação de subsidiariedade esteja expressamente consignada no tipo. Vale ressaltar ainda que, embora seja mais comum a relação de subsidiariedade entre as vias de fato e a lesão corporal, isso pode acontecer também com relação à tentativa de homicídio, quando o agressor, por exemplo, empurra a vítima de uma altura que a coloque em risco de vida, ou com relação à injúria real, quando o tapa na cara, mais do que simplesmente visar atacar o corpo, pretender mesmo é vilipendiar a honra do agredido, como está expressamente consignado no art. 140, §2.º do CP.

3. **Referência ao valor das multas.** Na forma do art. 2.º da Lei 7.209/84, que alterou a parte geral do Código Penal, ficaram canceladas na legislação

especial quaisquer referências a valores de multas, substituindo-se a expressão "multa de" por "multa".

4. **Sujeitos ativo e passivo.** Sujeito passivo é o agredido e o sujeito ativo é o agressor, sendo que não se exige nenhuma qualidade especial de ambos.

5. **Bem jurídico protegido e objeto material.** O bem jurídico protegido é a integridade física do ser humano e o objeto material do crime é o corpo da pessoa sobre a qual se dirige a conduta.

6. **Classificação.** Tipo doloso, infração penal comum (não exige uma qualidade especial do sujeito ativo), material (exige a ocorrência de um resultado naturalístico), de forma livre (não se exige um modo específico de atuação do sujeito ativo), comissiva (praticada por meio de uma ação), instantânea (a consumação ocorre no exato momento em que se pratica a conduta), unissubjetiva (pode ser praticada por uma única pessoa) e plurissubsistente (pode ser praticada em mais de um ato).

7. **Causa de aumento de pena.** Na terceira fase de aplicação da pena, a mesma será aumentada de um terço até a metade se a vítima for maior de sessenta anos. Tal majorante foi introduzida na LCP por força do Estatuto do Idoso. Recorde-se que há uma agravante genérica prevista no art. 61, II, h, do CP que prevê o agravamento da pena, na segunda fase da dosimetria quando a vítima é maior de 60 anos. Na hipótese, considerando a existência da majorante específica da LCP, não pode a sentença considerar a idade da vítima também como agravante genérica, sob pena de *bis in idem*, sendo o caso de aplicar apenas a majorante prevista no parágrafo único do art. 21 da LCP.

8. **Ação penal.** Embora a LCP seja expressa no sentido de que a ação penal é pública incondicionada no caso das contravenções penais, tratando-se de Vias de Fato, há certa divergência da doutrina. A questão é que a Lei 9.099/95, que institui os Juizados Especiais, estabeleceu, em seu art. 88, que para os crimes de lesão corporal leve e lesão culposa há necessidade de representação do ofendido, o que significa dizer que a ação penal passou a ser pública condicionada a representação. Parte da doutrina passou a entender que o legislador faltou com a técnica, porquanto se esqueceu da contravenção de vias de fato, delito menor em relação à lesão corporal e que, portanto, mereceria igual tratamento. Assim, interpretando sistemática e teleologicamente a disposição, entendem que a ação penal, no caso de vias de fato, deve ser também pública condicionada. No entanto, prevalece o entendimento de que o silêncio do legislador foi eloquente, de modo que se quisesse modificar a ação penal no que tange à contravenção, o faria expressamente,

devendo prevalecer o texto legal. Assim é o entendimento dos tribunais superiores, que reafirmam a plena vigência da LCP e do disposto em seu art. 17. Cumpre relembrar que, por força da decisão da ADI 4424/12, o STF entendeu que no caso de violência doméstica contra a mulher, ainda que se trate de lesão leve, a ação penal é pública incondicionada porque a Lei 11.340/06, em seu art. 41, expressamente afasta a aplicação da Lei 9.099/95.

- **STF**

Informativo nº 221. Tratando-se de contravenção penal, a ação é pública incondicionada devendo o Ministério Público oferecer denúncia independentemente de representação da vítima. Com esse entendimento, a Turma indeferiu habeas corpus que objetivava o trancamento de ação penal instaurada pelo Ministério Público pela prática da contravenção penal de vias de fato (LCP, art. 21), no qual se sustentava a decadência do direito de representação da vítima. **Considerou-se que permanece em vigor a primeira parte do art. 17 da LCP ("A ação penal é pública,..."), não se aplicando o art. 88 da Lei 9.099/95, que tornou condicionada à representação a ação penal relativa aos crimes de lesões corporais leves.** (HC 80.617-MG, rel. Min. Sepúlveda Pertence, 20.3.2001).

AÇÃO PENAL – VIOLÊNCIA DOMÉSTICA CONTRA A MULHER – LESÃO CORPORAL – NATUREZA. **A ação penal relativa a lesão corporal resultante de violência doméstica contra a mulher é pública incondicionada** – considerações. (ADI 4424, Relator(a): Min. MARCO AURÉLIO, Tribunal Pleno, julgado em 09/02/2012, PROCESSO ELETRÔNICO DJe-148 DIVULG 31-07-2014 PUBLIC 01-08-2014)

- **STJ**

PENAL. AGRAVO REGIMENTAL NO AGRAVO EM RECURSO ESPECIAL. VIAS DE FATO EM AMBIENTE DOMÉSTICO. AÇÃO PENAL PÚBLICA INCONDICIONADA. 1. Nas contravenções penais de vias de fato, praticadas no âmbito das relações domésticas e familiares, **a ação penal é pública incondicionada, nos termos do art. 17 da Lei de Contravenções Penais, que não foi alterado pela Lei n. 9.099/1995, nem pela Lei n. 11.340/2006**. Precedentes. 2. Agravo regimental desprovido. (AgRg no AREsp 1036763/SP, Rel. Ministro ANTONIO SALDANHA PALHEIRO, SEXTA TURMA, julgado em 06/04/2017, DJe 20/04/2017)

PROCESSO PENAL E PENAL. HABEAS CORPUS. SUBSTITUTIVO DE RECURSO ESPECIAL, ORDINÁRIO OU REVISÃO CRIMINAL. NÃO CABIMENTO. VIAS DE FATO EM AMBIENTE DOMÉSTICO. DENÚNCIA REJEITADA. EXTINÇÃO DA PUNIBILIDADE. RENÚNCIA DA VÍTIMA AO DIREITO DE REPRESENTAÇÃO. RECURSO EM SENTIDO ESTRITO PROVIDO PARA

DETERMINAR O PROSSEGUIMENTO DO FEITO. AÇÃO PENAL PÚBLICA INCONDICIONADA. INTELIGÊNCIA DO ART. 17 DA LEI DE CONTRAVENÇÕES PENAIS. HABEAS CORPUS NÃO CONHECIDO. [...] 3. **A Lei de Contravenções Penais (Decreto-Lei n.º 3.688/41) continua em pleno vigor e nela há expressa previsão legal de que a ação penal é pública incondicionada, conforme disciplina o seu artigo 17.** 4. Seja caso de lesão corporal leve, seja de vias de fato, se praticado em contexto de violência doméstica ou familiar, não há falar em necessidade de representação da vítima para a persecução penal. 5. Habeas Corpus não conhecido. (HC 302.387/RS, Rel. Ministro NEFI CORDEIRO, SEXTA TURMA, julgado em 28/06/2016, DJe 01/08/2016)

PROCESSUAL PENAL. RECURSO ORDINÁRIO CONSTITUCIONAL EM HABEAS CORPUS. VIAS DE FATO. CONTRAVENÇÃO PENAL. AÇÃO PENAL PÚBLICA INCONDICIONADA. PLENO VIGOR DA LEI DE CONTRAVENÇÕES PENAIS. ILEGALIDADE NÃO EVIDENCIADA. RECURSO A QUE SE NEGA PROVIMENTO. 1. **O artigo 88 da Lei n.º 9.099/95, que tornou condicionada à representação a ação penal por lesões corporais leves e lesões culposas, não se estende à persecução das contravenções penais.** A contravenção penal de vias de fato, insculpida no artigo 21 da Lei de Contravenções Penais (Decreto Lei n.º 3.688/41), ainda que de menor potencial ofensivo em relação ao crime de lesão corporal, não foi incluída nas hipóteses do artigo 88 da Lei n.º 9.099-95. 2. A Lei de Contravenções Penais (Decreto Lei n.º 3.688/41) continua em pleno vigor e nela há expressa previsão legal de que a ação penal é pública incondicionada, conforme disciplina o seu artigo 17. 3. Recurso ordinário desprovido. (RHC 47.253/MS, Rel. Ministra MARIA THEREZA DE ASSIS MOURA, SEXTA TURMA, julgado em 04/12/2014, DJe 17/12/2014)

9. **Vias de Fato e Lei Maria da Penha.** No que se refere à prática da contravenção de vias de fato o contexto de violência doméstica contra a mulher, a primeira questão importante se refere à competência para julgamento. A Lei 11.340/06 determinou a criação dos Juizados de Violência Doméstica e Familiar contra a Mulher. Onde tais juizados foram criados, não há dúvida de que serão deles a competência para processar e julgar a contravenção de vias de fato neste contexto. Por outro lado, onde ainda não foram criados tais juizados, por imposição da própria lei (art. 33), os fatos envolvendo violência doméstica contra a mulher são de competência das varas criminais. Ademais, a Lei Maria da Penha ainda afastou a aplicação da Lei 9.099/95 (art. 41). Assim, **ainda que se trate de contravenção de vias de fato, a competência para julgamento será de uma vara criminal, nunca do juizado especial. Assim vem decidindo reiteradamente o STJ**. Ainda é importante ressaltar que a não aplicação da Lei 9099/95 às vias de fato no contexto da violência

contra a mulher implica também **na não incidência dos seus institutos despenalizadores, quais sejam, transação penal, composição civil dos danos e suspensão condicional da pena**. Vale apenas uma observação crítica: o art. 41 da Lei 11.340/06 foi expresso ao mencionar que aos "crimes" praticados com violência doméstica e familiar contra a mulher, independentemente da pena prevista, não se aplica a Lei no 9.099/95. Como é cediço, crime e contravenção são coisas distintas e se o legislador quis afastar a aplicação da Lei dos Juizados Especiais aos crimes, isso não poderia incluir, ao arrepio da lei, as contravenções. Por fim, também, embora o tipo do art. 21 da LCP **permita a aplicação apenas da pena de multa, tal hipótese está afastada** no caso de vias de fato no âmbito da Lei Maria da Penha, por força do art. 17 da Lei 11.340/06.

► **STJ**

Informativo 402 STJ – COMPETÊNCIA. CONTRAVENÇÃO. LEI MARIA DA PENHA. No caso, o autor desferiu socos e tapas no rosto da declarante, porém sem deixar lesões. Os juízos suscitante e suscitado enquadraram a conduta no art. 21 da Lei de Contravenções Penais (vias de fato). Diante disso, a Seção conheceu do conflito para **declarar competente o juízo de Direito da Vara Criminal, e não o do Juizado Especial, por entender ser inaplicável a Lei n. 9.099/1995 aos casos de violência doméstica e familiar contra a mulher, ainda que se trate de contravenção penal.** Precedentes citados: CC 104.128-MG, DJe 5/6/2009; CC 105.632-MG, DJe 30/6/2009, e CC 96.522-MG, DJe 19/12/2008. CC 104.020-MG, Rel. Min. Maria Thereza de Assis Moura, julgado em 12/8/2009.

PENAL E PROCESSO PENAL. AGRAVO REGIMENTAL EM RECURSO ESPECIAL. CONTRAVENÇÃO PENAL. VIAS DE FATO NO ÂMBITO DAS RELAÇÕES DOMÉSTICAS. INAPLICABILIDADE DOS INSTITUTOS DESPENALIZADORES DA LEI N. 9.099/95. AGRAVO REGIMENTAL NÃO PROVIDO. 1. **Os institutos despenalizadores da Lei 9.099/95, dentre eles a suspensão condicional do processo, não têm aplicação no tocante às contravenções penais contempladas pela Lei Maria da Penha.** 2. Agravo regimental improvido. (AgRg no REsp 1662511/RS, Rel. Ministra MARIA THEREZA DE ASSIS MOURA, SEXTA TURMA, julgado em 02/05/2017, DJe 11/05/2017)

AGRAVO REGIMENTAL NO RECURSO ESPECIAL. VIOLÊNCIA DOMÉSTICA. CONTRAVENÇÃO PENAL. VIAS DE FATO. IMPOSIÇÃO ISOLADA DE PENA MULTA. IMPOSSIBILIDADE. ART. 17 DA LEI N. 11.340/2006. **1. A decisão ora agravada está na mais absoluta harmonia com a jurisprudência desta Corte, sedimentada no sentido de que é vedada a imposição, exclusiva, de penalidades restritas ao pagamento de prestação pecuniária, multa ou cestas básicas, ainda que o tipo**

penal as preveja. Esse entendimento decorre de proibição constante da própria Lei n. 11.340/2006, em seu art. 17. 2. Assim, a decisão agravada deve ser mantida intacta pelos seus próprios termos. 3. Agravo regimental desprovido. (AgRg no REsp 1690716/RJ, Rel. Ministro ANTONIO SALDANHA PALHEIRO, SEXTA TURMA, julgado em 07/11/2017, DJe 14/11/2017)

10. **Vias de fato e pena restritiva de direitos.** Quando aplicada pena privativa de liberdade não superior a quatro anos e o **crime não for cometido com violência** ou grave ameaça à pessoa ou, qualquer que seja a pena aplicada, se o crime for culposo, o réu não for reincidente em crime doloso e a culpabilidade, os antecedentes, a conduta social e a personalidade do condenado, bem como os motivos e as circunstâncias indicarem que a substituição seja suficiente, o art. 44 do Código Penal estabelece que a pena privativa de liberdade deve ser substituída por pena restritiva de direitos. Inicialmente, o STJ chegou a entender que a contravenção de vias de fato admitiria a substituição, porquanto a pequena intensidade do ataque não configuraria violência à pessoa (Informativo 456). No entanto, atualmente, está pacificado o **entendimento do STJ**, no sentido de que **não é possível a substituição** da prisão simples por pena restritiva de direitos na hipótese de vias de fato, porquanto a presente contravenção é praticada mediante violência contra a pessoa. **Por outro lado, o STF entende possível a substituição, especialmente porque o art. 44, I do CP trata expressamente da hipótese de "crime" e não de "contravenção".**

- **STF**

Habeas corpus. Penal. Contravenção de vias de fato (art. 21 do Decreto-lei nº 3.688/41). Violência doméstica contra a mulher. Pena privativa de liberdade. **Substituição por pena restritiva de direitos. Admissibilidade. Inteligência do art. 44, I, do Código Penal. Impossibilidade apenas de substituição pelo pagamento de cesta básica, prestação pecuniária ou multa (art. 17 da Lei nº 11.340/06).** Ordem concedida. 1. O paciente foi condenado à pena de 20 (vinte) dias de prisão simples, em regime aberto, por infração ao art. 21 do Decreto-lei nº 3.688/41. 2. **Tratando-se de condenação pela prática de contravenção de vias de fato, e não pela prática de crime, não incide o óbice previsto no art. 44, I, do Código Penal.** 3. Nada obstaria que a substituição fosse negada em razão da culpabilidade, dos antecedentes, da conduta social ou da personalidade do condenado, ou se os motivos e as circunstâncias indicassem que essa substituição não seria suficiente (art. 44, III, CP). 4. **Ocorre que a negativa de substituição da pena corporal por restritiva de direitos lastreou-se tão somente no fato de que "o crime foi praticado com violência à pessoa", quando,**

em verdade, se trata de mera contravenção. 5. Cabível, portanto, a substituição da pena corporal por restritiva de direitos, desde que não consista no pagamento de cesta básica, prestação pecuniária ou multa (art. 17 da Lei nº 11.340/06). 6. Ordem concedida para se restabelecer o acórdão do Tribunal de Justiça do Mato Grosso do Sul que, ao prover em parte a apelação do paciente, substituiu a pena privativa de liberdade "por uma restritiva de direito, a ser fixada pelo juízo da execução penal". (HC 132342, Relator(a): Min. DIAS TOFFOLI, Segunda Turma, julgado em 30/08/2016, PROCESSO ELETRÔNICO DJe-207 DIVULG 27-09-2016 PUBLIC 28-09-2016)

PENAL. HABEAS CORPUS. CONTRAVENÇÃO PENAL. VIAS DE FATO (ART. 21 DO DECRETO LEI 3.688/1941). VIOLÊNCIA DOMÉSTICA CONTRA A MULHER. SUBSTITUIÇÃO DA REPRIMENDA CORPORAL. VIABILIDADE. ART. 44, I, DO CÓDIGO PENAL. IMPOSIÇÃO DAS RESTRIÇÕES DO ART. 17 DA LEI 11.340/2006. ORDEM CONCEDIDA. 1. **É viável a conversão da pena privativa de liberdade por restritiva de direito nos moldes previstos no art. 17 da Lei Maria da Penal aos condenados pela prática da contravenção penal de vias de fato, por se tratar de modalidade de infração penal não alcançada pelo óbice do inciso I do art. 44 do Código Penal.** Precedente. 2. No particular, o paciente foi condenado à pena de 20 dias de prisão, no regime aberto, pela prática da contravenção prevista no art. 21 do Decreto-Lei 3.688/41 contra pessoa com quem manteve relacionamento amoroso, razão pela qual o Tribunal de Justiça substituiu a pena corporal por restritiva de direito. 3. Ordem concedida para restabelecer o acórdão do Tribunal de Justiça do Estado do Mato Grosso do Sul. (HC 131160, Relator(a): Min. TEORI ZAVASCKI, Segunda Turma, julgado em 18/10/2016, PROCESSO ELETRÔNICO DJe-237 DIVULG 07-11-2016 PUBLIC 08-11-2016)

► **STJ**

PENAL E PROCESSO PENAL. AGRAVO REGIMENTAL NO AGRAVO EM RECURSO ESPECIAL. VIAS DE FATO. CONTRAVENÇÃO PENAL PRATICADA MEDIANTE VIOLÊNCIA. AFRONTA AO ART. 44 DO CP. SUBSTITUIÇÃO DA PENA PRIVATIVA DE LIBERDADE POR RESTRITIVA DE DIREITOS. IMPOSSIBILIDADE. AGRAVO REGIMENTAL A QUE SE NEGA PROVIMENTO. 1. "**De acordo com o entendimento firmado pelo Superior Tribunal de Justiça, é incabível a substituição da pena privativa de liberdade por restritiva de direitos em casos de crime ou contravenção cometidos mediante violência ou grave ameaça à pessoa**" (AgRg no REsp 1503544/PB, Rel. Ministro ERICSON MARANHO (DESEMBARGADOR CONVOCADO DO TJ/SP), SEXTA TURMA, julgado em 10/03/2016, DJe 29/03/2016). 2. Agravo regimental a que se nega provimento. (AgRg no AREsp 1112912/MG, Rel. Ministra MARIA THEREZA DE ASSIS MOURA, SEXTA TURMA, julgado em 08/08/2017, DJe 15/08/2017)

AGRAVO REGIMENTAL NO RECURSO ESPECIAL. VIAS DE FATO. VIOLÊNCIA DOMÉSTICA. SUBSTITUIÇÃO DA PENA PRIVATIVA DE LIBERDADE POR RESTRITIVA DE DIREITOS. NÃO CABIMENTO. JURISPRUDÊNCIA PACÍFICA DO STJ. AGRAVO EM RECURSO ESPECIAL QUE NÃO COMBATEU TODOS OS FUNDAMENTOS DA DECISÃO AGRAVADA. INCIDÊNCIA, POR ANALOGIA, DA SÚMULA 182/STJ. AGRAVO IMPROVIDO. 1. Restado comprovado nos autos a prática da contravenção penal inscrita no art. 21 do Decreto-Lei 3.688/41 por ter o ora agravante agredido sua ex-companheira com chutes, empurrões, puxão de cabelo e tapas, no âmbito das relações domésticas, **inviável torna-se a substituição da pena privativa de liberdade por restritiva de direitos, visto que, à luz da sólida jurisprudência desta Corte Superior, o inciso I do art. 44 do Código Penal exige para tanto que o crime não tenha sido praticado com violência ou grave ameaça, requisito que alcança a contravenção penal em questão**. 2. É inviável o agravo que deixa de atacar, especificamente, fundamento autônomo da decisão agravada. Incidência, por analogia, da Súmula 182/STJ. 3. Agravo regimental improvido. (AgRg no REsp 1567087/MS, Rel. Ministro NEFI CORDEIRO, SEXTA TURMA, julgado em 24/10/2017, DJe 06/11/2017)

PENAL E PROCESSUAL PENAL. AGRAVO REGIMENTAL NO RECURSO ESPECIAL. VIOLÊNCIA DOMÉSTICA. VIAS DE FATO. SUBSTITUIÇÃO DA PENA. IMPOSSIBILIDADE. SUSPENSÃO CONDICIONAL DA PENA. AUSÊNCIA DE PREQUESTIONAMENTO. INCIDÊNCIA DA SÚMULA N. 211/STJ. NÃO PREENCHIMENTO DOS REQUISITOS. AGRAVO REGIMENTAL IMPROVIDO. 1. **A jurisprudência desta Corte é firme de "o art. 44, I, do Código Penal, impede aos condenados por crimes praticados com violência ou grave ameaça no âmbito doméstico a substituição da pena privativa de liberdade por restritiva de direitos**" (HC 293.534/MS, Rel. Ministro REYNALDO SOARES DA FONSECA, QUINTA TURMA, DJe 19/4/2016). 2. A possibilidade de proposta de suspensão condicional da pena não foi alvo de deliberação pelo Tribunal Estadual, o que impede a análise do tema nesta Corte, ante o óbice da Súmula n. 211/STJ. Não obstante, entendo que o acusado não faz jus ao benefício, visto que não preenche todos os requisitos previstos no art. 77 do Código Penal, por se tratar de crime cometido mediante violência, ou seja, consta nos autos que o réu praticou vias de fato contra a vítima, sua ex-convivente, desferindo-lhe tapas no rosto e puxões de cabelo. 3. Agravo regimental improvido. (AgRg no REsp 1547408/MS, Rel. Ministro JOEL ILAN PACIORNIK, QUINTA TURMA, julgado em 03/08/2017, DJe 16/08/2017)

11. Vias de fato e princípio da insignificância. Sobre a aplicação do princípio da insignificância ou crime de bagatela à contravenção penal de vias de fato, os Tribunais superiores, chamados a decidir questão envolvendo a Lei

Maria da Penha foram claros ao fixar a inadmissão do princípio da insignificância, diante da importância do bem jurídico tutelado, especificamente, diante da vulnerabilidade da mulher no âmbito das relações domésticas e familiares. O STJ menciona em suas decisões a inaplicabilidade do princípio da "bagatela imprópria". A bagatela própria está diretamente ligada ao princípio da insignificância, excluindo a tipicidade material quando a conduta e o resultado são irrelevantes para o direito penal. Por sua vez, a bagatela imprópria ancora-se na desnecessidade da pena quando, embora seja relevante o desvalor da conduta, circunstâncias do caso concreto revelam a absoluta desnecessidade da pena, como numa hipótese de perdão judicial. Como exemplo, Luiz Flávio Gomes[18] cita caso de descaminho julgado pelo TRF da 4ª Região, em 10/10/07, em que **o valor excedia pouca coisa do limite então reconhecido**[19]. Ocorre que, além de perder a mercadoria, o autor do fato pagou os impostos devidos, sendo primário e de bons antecedentes. Neste caso, deixou-se de aplicar a pena no caso concreto, por entender-se desnecessária. Em outro exemplo, também de Luiz Flávio Gomes, o agente tentou se suicidar com sua arma de fogo ilegal, não consumando a morte e o TJRS afastou a pena pela posse ilegal de arma de fogo em virtude das drásticas consequências do fato para o próprio agente. Em outro caso, a filha do indivíduo conseguiu localizar a arma do mesmo, que estava com a licença vencida, e tentou o suicídio. A pena não foi imposta em razão do intenso sofrimento que o fato gerou para o próprio dono da arma.

▶ **STF**

> Agravo regimental em habeas corpus. Penal. Vias de fato cometida no âmbito familiar contra a mulher. Artigo 21 do Decreto-Lei nº 3.688/41. **Reconhecimento do princípio da insignificância. Impossibilidade. Reprovabilidade da conduta evidente.** Precedentes. Agravo regimental não provido. 1. Mostra-se **incabível a aplicação do princípio da insignificância "ante a excepcional vulnerabilidade da mulher no âmbito das relações domésticas**" (RE nº 807.781/SP, Relator o Ministro Luiz Fux, DJe de 9/10/15, a ensejar juízo de maior reprovabilidade da conduta praticada pelo agravante, que pôs em risco a integridade física da vítima. 2. Agravo regimental a que se nega provimento. (HC 141594 AgR, Relator(a): Min. DIAS TOFFOLI, Segunda Turma, julgado em 09/06/2017, PROCESSO ELETRÔNICO DJe-140 DIVULG 26-06-2017 PUBLIC 27-06-2017)

---

18. In <http://luizflaviogomes.com/bagatela-impropria-nao-pode-ser-ignorada-nem-refutada/>, acesso em 17.01.2018.
19. Nos crimes tributários, quando o valor dos tributos não ultrapassa o patamar fixado, a jurisprudência admite a aplicação do princípio da insignificância, deixando o fato de ser materialmente típico.

▶ **STJ**

HABEAS CORPUS SUBSTITUTIVO DE RECURSO ESPECIAL. NÃO CABIMENTO. PRINCÍPIO DA BAGATELA IMPRÓPRIA. AMEAÇA. VIAS DE FATO. VIOLÊNCIA DOMÉSTICA E FAMILIAR CONTRA A MULHER. INAPLICABILIDADE. WRIT NÃO CONHECIDO. [...] **É pacífico o entendimento desta Corte Superior de que não é aplicável o princípio da bagatela imprópria aos delitos, crimes e contravenções penais, praticados em situação de violência doméstica e familiar contra a mulher**. Habeas corpus não conhecido. (HC 294.044/MS, Rel. Ministro ERICSON MARANHO (DESEMBARGADOR CONVOCADO DO TJ/SP), SEXTA TURMA, julgado em 23/02/2016, DJe 07/03/2016)

AGRAVO REGIMENTAL NO HABEAS CORPUS. VIAS DE FATO. PRINCÍPIO DA BAGATELA IMPRÓPRIA. VIOLÊNCIA DOMÉSTICA E FAMILIAR CONTRA A MULHER. INAPLICABILIDADE. AGRAVO NÃO PROVIDO. 1. **A jurisprudência desta Corte Superior não admite a aplicação do princípio da insignificância ou da bagatela imprópria no que se refere aos crimes ou às contravenções penais praticados contra mulher no âmbito das relações domésticas, haja vista o bem jurídico tutelado**. 2. Agravo regimental não provido. (AgInt no HC 369.673/MS, Rel. Ministro ROGERIO SCHIETTI CRUZ, SEXTA TURMA, julgado em 14/02/2017, DJe 23/02/2017)

12. Vias de fato e prisão preventiva. Disciplina o art. 313, III do Código de Processo Penal que será admitida a prisão preventiva "se o crime envolver violência doméstica e familiar contra a mulher, criança, adolescente, idoso, enfermo ou pessoa com deficiência, para garantir a execução das medidas protetivas de urgência". De fato, o parágrafo único do art. 312, do Código de Processo Penal, estabelece que a prisão preventiva pode ser decretada "em caso de descumprimento de qualquer das obrigações impostas por força de outras medidas cautelares". Neste contexto, no caso de descumprimento das medidas protetivas em favor da vítima de violência doméstica contra a mulher, poder-se-ia pensar que seria possível a decretação da custódia cautelar. No entanto, este não é o entendimento do STJ que, interpretando literal e restritivamente o disposto no art. 313, III do CPP, entendeu que a lei processual se refere expressamente à prática de crime, não sendo o caso de se fazer uma interpretação extensiva para abarcar também as contravenções, especialmente a contravenção de vias de fato. Assim, ainda haja o descumprimento das medidas protetivas, não poderá haver a prisão preventiva do autor de vias de fato, mesmo que no contexto de violência doméstica contra a mulher.

▶ STJ

Informativo 632, STJ – A prática de contravenção penal, no âmbito de violência doméstica, não é motivo idôneo para justificar a prisão preventiva do réu. Inicialmente cumpre destacar que a prática de vias de fato é hipótese de contravenção penal (art. 21 do Decreto-Lei n. 3.688/1941), e não crime, o que contraria o disposto no art. 313, II, do Código de Processo Penal. Deste modo, em se tratando de aplicação da cautela extrema, não há campo para interpretação diversa da literal, uma vez que não há previsão legal que autorize a prisão preventiva contra autor de uma contravenção, mesmo na hipótese específica de transgressão das cautelas de urgência já aplicadas.

13. Inconstitucionalidade. Embora alguma parte da doutrina entenda pela inconstitucionalidade do art. 21 da LCP, por força da violação do princípio da intervenção mínima, assim não entendem os Tribunais superiores.

▶ STJ

PROCESSUAL PENAL. AMEAÇA E **VIAS DE FATO. INCONSTITUCIONALIDADE DA LEI DE CONTRAVENÇÕES PENAIS**. NÃO OCORRÊNCIA. ATIPICIDADE DAS CONDUTAS E LEGÍTIMA DEFESA PUTATIVA. ALEGAÇÕES DE CUNHO FÁTICO-PROBATÓRIO NÃO CONDIZENTES COM A VIA ELEITA. PROVA PRÉ-CONSTITUÍDA QUE NÃO AUTORIZA CONCLUIR PELA FALTA DE JUSTA CAUSA. 1 – Segundo já decidido pela Sexta Turma, **não há inconstitucionalidade na Lei de Contravenções Penais que foi recepcionada pela atual Constituição Federal**. [...] (HC 402.334/RJ, Rel. Ministra MARIA THEREZA DE ASSIS MOURA, SEXTA TURMA, julgado em 21/09/2017, DJe 04/10/2017)

Internação irregular em estabelecimento psiquiátrico

Art. 22 – Receber em **estabelecimento psiquiátrico**, e nele internar, sem as **formalidades legais**, pessoa apresentada como **doente mental**:

Pena – multa, de trezentos mil réis a três contos de réis.

§ 1º Aplica-se a mesma pena a quem **deixa de comunicar** a autoridade competente, no prazo legal, internação que tenha **admitido, por motivo de urgência, sem as formalidades legais.**

§ 2º Incorre na pena de prisão simples, de quinze dias a três meses, ou multa de quinhentos mil réis a cinco contos de réis, aquele que, sem observar as prescrições legais, **deixa retirar-se ou despede de estabelecimento psiquiátrico pessoa nele internada.**

1. **Núcleo do tipo.** *"Receber"* significa aceitar, admitir, acolher; *"internar"* significa confinar, obrigar a residir em determinado local, com proibição de sair de lá. Portanto, é punível a conduta de quem recebe, como também, a de quem admite no estabelecimento, *"sem as formalidades legais, pessoa apresentada como doente mental"*.

2. **Norma penal em branco. Elementos normativos do tipo.** A expressão ***"sem as formalidades legais"***, configura-se como elemento normativo do tipo e sua compreensão se alcança com a análise da Lei 10.216/01, que dispõe sobre a proteção e os direitos das pessoas portadoras de transtornos mentais e redireciona o modelo assistencial em saúde mental. Tal legislação estabelece as espécies de internação e os requisitos mínimos para tanto. São considerados os seguintes tipos de internação psiquiátrica: internação voluntária (que se dá com o consentimento do usuário); internação involuntária (que se dá sem o consentimento do usuário e a pedido de terceiro) e; internação compulsória (determinada pela Justiça). Seja qual for a espécie de internação, ela deve se reservar aos casos em que os recursos extra hospitalares se mostrarem insuficientes e exige laudo médico circunstanciado que caracterize os seus motivos. Por outro lado, seja a internação voluntária ou involuntária, somente será autorizada por médico devidamente registrado no Conselho Regional de Medicina do Estado onde se localize o estabelecimento. Se a internação for voluntária, a pessoa que solicita sua internação, ou que a consente, deve assinar, no momento da admissão, uma declaração de que optou por esse regime de tratamento. Vale ressaltar que existem outras formalidades exigidas pelo Ministério da Saúde e que deverão ser observadas, como consta na Portaria 2.391/2002, que regulamenta o controle das internações psiquiátricas involuntárias (IPI) e voluntárias (IPV) e os procedimentos de notificação da Comunicação das IPI e IPV ao Ministério Público pelos estabelecimentos de saúde, integrantes ou não do SUS. Descumpridas tais formalidades, possível é a incidência do tipo em análise.

3. ***"pessoa apresentada como doente mental".*** O tipo exige que a pessoa a ser internada seja apresentada como doente mental. Na verdade, a redação da lei não foi adequada, na medida em que a contravenção do art. 22 da LCP se reserva àquele que interna e/ou recebe pessoa que, de fato, seja portadora de doença mental, mas cujas formalidades para a internação não foram cumpridas, como por exemplo, a ausência de seu consentimento ou a falta de laudo médico. Agora, se a pessoa, sabidamente, não apresenta nenhum distúrbio mental, não há que se falar na aplicação do art. 22 da LCP, porquanto a hipótese encontra tipicidade no tipo do art. 148, §1.º, inciso II do CP, que trata do sequestro

e cárcere privado. Inclusive, qualquer internação involuntária deve ser comunicada ao Ministério Público, que deverá, evidentemente, fiscalizar as formalidades para a internação.

4. **Sujeitos ativo e passivo.** Sujeito passivo é a pessoa submetida à internação e o sujeito ativo é quem recebeu para internação e quem internou, sendo que não se exige nenhuma qualidade especial de ambos.

5. **Bem jurídico protegido e objeto material.** O bem jurídico protegido é a liberdade de ir e vir e o objeto material do crime é o próprio doente.

6. **Classificação.** Tipo doloso, infração penal comum (não exige uma qualidade especial do sujeito ativo), material (exige a ocorrência de um resultado naturalístico), de forma livre (não se exige um modo específico de atuação do sujeito ativo), comissiva (praticada por meio de uma ação), permanente (a consumação se protrai no tempo), unissubjetiva (pode ser praticada por uma única pessoa) e plurissubsistente (pode ser praticada em mais de um ato).

7. **Ausência de comunicação à autoridade competente (§1.º).** Toda internação involuntária deve ser comunicada ao Ministério Público, no prazo de 72 horas, conforme art. 8.º da Lei 10.216/01. Assim, aquele que admite (recebe) para internação a pessoa doente sem as formalidades legais, deve comunicar o fato ao Ministério Público, sob pena de incorrer na mesma pena do *caput* do art. 22 da LCP. O parágrafo primeiro do art. 22 da LCP se refere aos casos de urgência porque o Decreto 24.559/1934, vigente à época, em seu art. 14, estabelecia a possibilidade de, nos casos urgentes, em que se tornar necessário, em benefício do paciente ou como medida de segurança pública, se realizar a internação mediante simples atestado médico, em que se declarasse quais os distúrbios mentais justificativos da internação imediata. Com a revogação da norma e atual legislação sobre o tema, não há previsão expressa sobre a possibilidade de internação sem as formalidades legais, ainda que em caso de urgência. Assim, analisando criticamente, recebido o paciente sem atenção às formalidades, como regra, estará consumada a contravenção penal e a ausência de comunicação, a nosso sentir, seria mero exaurimento. Por outro lado, é possível afastar a ilicitude no caso de internação urgente quando ficar demonstrado alguma das excludentes de ilicitude como, por exemplo, o estado de necessidade.

8. **Forma qualificada (§2.º).** A pena fixada no parágrafo segundo do art. 21 da LCP deixa de ser a multa, sendo fixada em prisão simples, de quinze dias a três meses. Trata-se do caso de desinternação sem observância das prescrições legais. Obviamente, a expressão "prescrições legais" é elemento normativo do tipo. Assim, com base na mesma Lei 10.216/01,

sem prejuízo de outras exigências do Ministério da Saúde (Portaria 2.391/02), para a alta ou desinternação exige-se, no caso de internação voluntária, solicitação escrita do paciente ou determinação médica; no caso de internação involuntária, exige-se solicitação escrita do familiar ou responsável legal, ou quando determinada pelo especialista responsável pelo tratamento, devendo, em qualquer hipótese, ser comunicada ao Ministério Público, no prazo de setenta e duas horas.

9. **Referência ao valor da multa.** Na forma do art. 2.º da Lei 7.209/84, que alterou a parte geral do Código Penal, ficaram canceladas na legislação especial quaisquer referências a valores de multas, substituindo-se a expressão "multa de" por "multa". Aplica-se a regra do Código Penal quanto à aplicação da pena de multa, como já esclarecido anteriormente.

Indevida custódia de doente mental

Art. 23 – Receber e ter sob custódia **doente mental**, fora do caso previsto no artigo anterior, **sem autorização** de quem de direito:

Pena – prisão simples, de quinze dias a três meses, ou multa, de quinhentos mil réis a cinco contos de réis.

1. **Inaplicabilidade.** A leitura do disposto no presente tipo penal poderia, à primeira vista, revelar confusão com a norma do artigo anterior. De fato, o tipo do art. 23 da LCP só fazia sentido na vigência do Decreto 24.559/34 porque o mesmo permitia a internação em domicílio, desde que cumpridas as formalidades legais, que incluíam a autorização judicial, do próprio interno ou de terceiro, de acordo com cada espécie de internação. Assim, fazia sentido a conduta de receber e ter sob custódia doente mental, "**fora do caso previsto no artigo anterior**", porque o artigo anterior trata da internação em estabelecimento psiquiátrico. Assim, apenas na hipótese de internação fora de estabelecimento psiquiátrico sem a autorização de quem de direito é que incidiria o tipo em análise. Se a internação, sem a formalidade, se desse em estabelecimento psiquiátrico, seria o caso de adequação ao tipo do art. 22 da LCP. E, por isso, a sanção penal do art. 23 é mais severa do que a do art. 22, porquanto, o legislador entendeu que manter-se custodiado em local sem a adequada qualificação para receber o doente revela maior desvalor da conduta. No entanto, o Decreto 24.559/34 está revogado e não existe, em tese, a hipótese de internação domiciliar ou em outro local diverso do estabelecimento com características hospitalares, sendo expressa a Lei 10.216/01 no sentido de que o tratamento em

regime de internação será estruturado de forma a oferecer assistência integral à pessoa portadora de transtornos mentais, incluindo serviços médicos, de assistência social, psicológicos, ocupacionais, de lazer, e outros, sendo vedada a internação de pacientes portadores de transtornos mentais em instituições com características asilares, desprovidas dos recursos mencionados e que não assegurem aos pacientes os direitos enumerados no parágrafo único do art. 2º, da própria lei[20]. Diante deste quadro, atualmente, se o doente mental é mantido sob custódia, sem autorização, em local diverso de estabelecimento psiquiátrico, a hipótese é de sequestro e cárcere privado, do art. 148 do CP e não a presente contravenção. Se a custódia, sem autorização, se dá em estabelecimento psiquiátrico, incide a norma do art. 22 da LCP. Portanto, nos parece atualmente inaplicável a norma do art. 23 da LCP.

2. **Tipo subsidiário.** Para aqueles que a entendem aplicável o presente tipo penal, é inequívoco que o tipo do art. 23 da LCP é subsidiário em relação ao tipo do art. 22 da LCP e, tal subsidiariedade é expressa[21].

3. **Sujeitos ativo e passivo.** Sujeito passivo é a pessoa submetida à internação e o sujeito ativo é quem recebeu e manteve sob custódia, sendo que não se exige nenhuma qualidade especial de ambos.

4. **Bem jurídico protegido e objeto material.** O bem jurídico protegido é a liberdade de ir e vir e o objeto material do crime é o próprio doente.

5. **Classificação.** Tipo doloso, infração penal comum (não exige uma qualidade especial do sujeito ativo), material (exige a ocorrência de um resultado naturalístico), de forma livre (não se exige um modo específico de atuação do sujeito ativo), comissiva (praticada por meio de uma ação), permanente (a consumação se alonga no tempo), unissubjetiva (pode ser praticada por uma única pessoa) e plurissubsistente (pode ser praticada em mais de um ato).

---

20. Art. 2.º - [...] Parágrafo único. São direitos da pessoa portadora de transtorno mental: I – ter acesso ao melhor tratamento do sistema de saúde, consentâneo às suas necessidades; II – ser tratada com humanidade e respeito e no interesse exclusivo de beneficiar sua saúde, visando alcançar sua recuperação pela inserção na família, no trabalho e na comunidade; III – ser protegida contra qualquer forma de abuso e exploração; IV – ter garantia de sigilo nas informações prestadas; V – ter direito à presença médica, em qualquer tempo, para esclarecer a necessidade ou não de sua hospitalização involuntária; VI – ter livre acesso aos meios de comunicação disponíveis; VII – receber o maior número de informações a respeito de sua doença e de seu tratamento; VIII – ser tratada em ambiente terapêutico pelos meios menos invasivos possíveis; IX – ser tratada, preferencialmente, em serviços comunitários de saúde mental.
21. Vide nota n.º 2, ao art. 21 da LCP para o conceito de subsidiariedade expressa.

6. **Referência ao valor da multa.** Na forma do art. 2.º da Lei 7209/84, que alterou a parte geral do Código Penal, ficaram canceladas na legislação especial quaisquer referências a valores de multas, substituindo-se a expressão "multa de" por "multa". Aplica-se a regra do Código Penal quanto à aplicação da pena de multa, como já esclarecido anteriormente.

CAPÍTULO II
DAS CONTRAVENÇÕES REFERENTES AO PATRIMÔNIO

Instrumento de emprego usual na prática do furto

Art. 24 – Fabricar, ceder ou vender **gazua ou instrumento empregado** usualmente na prática de crime de **furto**:

Pena – prisão simples, de seis meses a dois anos, e multa, de trezentos mil réis a três contos de réis.

1. **Análise do tipo.** Os núcleos do tipo são "fabricar" (produzir, criar, construir), "ceder" (entregar a outrem) ou "vender" (transmitir a outrem mediante pagamento de um preço). Assim, quem adquire não é alcançado pelo referido tipo, sendo atípica a conduta de adquirir gazua ou instrumento usualmente utilizado na prática de furto. Gazua é a chave falsa. No entanto, o legislador deixou uma cláusula aberta quanto ao "*instrumento empregado usualmente na prática de furto*", o que, a nosso sentir, fere o princípio da legalidade que, entre outras coisas, proíbe o uso de expressões vagas no tipo penal. Com efeito, a vida moderna trouxe grande complexidade do fenômeno criminoso, de modo que é difícil compreender o que seria um instrumento *usualmente* utilizado na prática do furto, já que tal espécie de crime pode ser praticado das mais diversas formas, com os mais variados instrumentos.

2. **Punição de ato preparatório.** Na verdade, estamos diante de um tipo penal que visa punir atos preparatórios, mas no sistema jurídico-penal a punição de atos preparatórios é absolutamente excepcional e, em grande parte das vezes é feita com a criação de tipos penais autônomos, quando o ato preparatório não é irrelevante para o direito penal. Por exemplo, o porte de arma de fogo, que pode ser ato preparatório do roubo, do homicídio e de outros crimes, é punido como crime autônomo. O problema da contravenção do art. 24 da LCP é que uma infinidade de instrumentos pode ser utilizada para o furto, mas sua fabricação, cessão e venda são absolutamente lícitos. A própria chave falsa ou gazua não está proibida, sendo certo que o chaveiro, por exemplo, a

fábrica, cede e utiliza licitamente. Portanto, entendemos que o tipo em análise é de difícil aplicação, estando diretamente vinculado ao querer finalístico do agente, ou seja, a vontade do mesmo ao praticar a conduta, de modo que a fabricação, cessão ou venda para fins lícitos afasta a tipicidade. Portanto, **o dolo está caracterizado pela vontade específica de contribuir para o furto a ser praticado por outrem, de modo que a fabricação, cessão ou venda da gazua ou outro instrumento está diretamente ligada à utilização da coisa para a prática do furto (elemento subjetivo).**

3. **Prática do furto.** Ao contrário de Damásio de Jesus[22] não admitimos a interpretação extensiva da expressão "na prática de crime de furto". Damásio afirma que a norma pretende referir-se a instrumento empregado usualmente na prática de subtração patrimonial, com o que não podemos concordar em homenagem ao princípio da legalidade. No caso, a melhor interpretação é a literal, restritiva, de modo que a hipótese apenas tem aplicação no caso de instrumento utilizado na prática de furto (chave falsa, pé de cabra etc.), não abrangendo instrumentos para a prática de roubo (canivetes, facas, soco inglês etc.).

4. **Sujeitos ativo e passivo**. Sujeito passivo é a sociedade e o sujeito ativo pode ser qualquer pessoa, não se exigindo nenhuma qualidade especial do autor da contravenção.

5. **Bem jurídico protegido e objeto material.** O bem jurídico protegido é a segurança pública e o objeto material do crime é a gazua ou instrumento usualmente utilizado na prática do furto.

6. **Classificação.** Tipo doloso, infração penal comum (não exige uma qualidade especial do sujeito ativo), formal (independe da ocorrência do resultado naturalístico), de forma livre (não se exige um modo específico de atuação do sujeito ativo), comissiva (praticada por meio de uma ação), instantânea (a consumação ocorre em um momento certo), unissubjetiva (pode ser praticada por uma única pessoa) e plurissubsistente (pode ser praticada em mais de um ato).

7. **Referência ao valor da multa.** Na forma do art. 2.º da Lei 7.209/84, que alterou a parte geral do Código Penal, ficaram canceladas na legislação especial quaisquer referências a valores de multas, substituindo-se a expressão "multa de" por "multa". Aplica-se a regra do Código Penal quanto à aplicação da pena de multa, como já esclarecido anteriormente.

---

22. Op. cit. p. 98.

Posse não justificada de instrumento de emprego usual na prática de furto

Art. 25 – Ter alguém em seu poder, depois de condenado, por crime de furto ou roubo, ou enquanto sujeito à liberdade vigiada ou quando conhecido como vadio ou mendigo, gazuas, chaves falsas ou alteradas ou instrumentos empregados usualmente na prática de crime de furto, desde que não prove destinação legítima:

Pena – prisão simples, de dois meses a um ano, e multa de duzentos mil réis a dois contos de réis.

1. **Não recepcionado pela CR/88. Violação dos princípios da dignidade da pessoa humana e da isonomia.** Em decisão de outubro de 2013, o STF entendeu que a presente contravenção não foi recepcionada pela Constituição da República de 1988 (Informativo 722). Segundo o STF, referido tipo penal não é compatível com a Constituição porque viola os princípios da dignidade da pessoa humana e da isonomia. Constatou o STF que a inadequação do tipo do art. 25 da LCP não é a respeito da presunção de periculosidade da conduta de possuir os instrumentos descritos em relação ao bem jurídico que pretende proteger (patrimônio e incolumidade pública), mas o fato de ter estabelecido condições específicas discriminatórias ao agente da infração penal, quais sejam, a) ser conhecido como vadio ou mendigo e; b) depois de condenado, por crime de furto ou roubo, ou enquanto sujeito à liberdade vigiada. No que tange à vadiagem e à mendicância, admitir a vigência da norma do art. 25 da LCP significaria admitir a punição do sujeito apenas pelo que ele é, e não pelo que ele faz, consagrando o inadmissível direito penal do autor, em detrimento ao direito penal do fato. No direito penal do fato, consagrado pelo ordenamento brasileiro, interessa o desvalor do comportamento e no direito penal do autor, pune-se o agente sem a exteriorização da vontade, mas simplesmente pelo que ele é. Expressamente, no voto condutor do RE 583523, consagrou o STF: *"Admitir essa qualidade do sujeito ativo para configuração do tipo vai muito além da intenção de proteger o bem jurídico tutelado, no caso o "patrimônio", e* ***representa, isso sim, um modelo político-criminal não só transgressor da própria dignidade da pessoa humana****, mas também apto a substituir um modelo de direito penal do fato por um modelo de direito penal do autor"*. Ademais, todos são iguais perante a lei (art. 5º, *caput* e inciso I, da CR/88) e merecem igual tratamento, de modo que não é permitido ao legislador exigir condições discriminatórias, como ocorre no presente artigo de lei, ao consagrar como elementar do tipo que o agente seja

"mendigo" ou "vadio". Ou seja, a lei trata de forma desigual as pessoas por sua condição econômica e social.

2. **"Depois de condenado, por crime de furto ou roubo, ou enquanto sujeito à liberdade vigiada".** Assim como no caso da vadiagem e da mendicância, ao considerar a vida anterior do agente como elementar do tipo, o legislador considerou de maneira discriminatória que determinadas pessoas, portadores de direitos iguais garantidos pela Constituição da República, possuem maior potencialidade de cometer novos crimes. Porém, aqui também o STF entendeu que, com base nessas condições subjetivas, não se pode presumir a potencialidade para cometer a infração penal. Embora seja possível a formulação de presunção quanto a condutas que representam perigo de lesão a determinados bens jurídicos, não é permitido presumir a periculosidade do sujeito, sob risco de substituir um modelo de direito penal do fato para um modelo de direito penal do autor.

▶ **STF**

> **Informativo 722** – Recurso extraordinário. Constitucional. Direito Penal. Contravenção penal. 2. Posse não justificada de instrumento de emprego usual na prática de furto (artigo 25 do Decreto-Lei n. 3.688/1941). Réu condenado em definitivo por diversos crimes de furto. Alegação de que o tipo não teria sido recepcionado pela Constituição Federal de 1988. Arguição de ofensa aos princípios da isonomia e da presunção de inocência. 3. Aplicação da sistemática da repercussão geral – tema 113, por maioria de votos em 24.10.2008, rel. Ministro Cezar Peluso. 4. Ocorrência da prescrição intercorrente da pretensão punitiva antes da redistribuição do processo a esta relatoria. Superação da prescrição para exame da recepção do tipo contravencional pela Constituição Federal antes do reconhecimento da extinção da punibilidade, por ser mais benéfico ao recorrente. 5. Possibilidade do exercício de fiscalização da constitucionalidade das leis em matéria penal. Infração penal de perigo abstrato à luz do princípio da proporcionalidade. 6. **Reconhecimento de violação aos princípios da dignidade da pessoa humana e da isonomia, previstos nos artigos 1º, inciso III; e 5º, caput e inciso I, da Constituição Federal. Não recepção do artigo 25 do Decreto-Lei 3.688/41 pela Constituição Federal de 1988**. 7. Recurso extraordinário conhecido e provido para absolver o recorrente nos termos do artigo 386, inciso III, do Código de Processo Penal. (RE 583523, Relator(a): Min. GILMAR MENDES, Tribunal Pleno, julgado em 03/10/2013, ACÓRDÃO ELETRÔNICO REPERCUSSÃO GERAL – MÉRITO DJe-208 DIVULG 21-10-2014 PUBLIC 22-10-2014)

3. **Princípio da proporcionalidade.** Ainda na decisão do STF, acima colacionada, restou consignado alusão ao princípio da proporcionalidade, de modo que a norma do art. 25 da LCP **não é adequada** porque não protege o direito fundamental de maneira ótima, na medida em que o bem jurídico que o legislador pretendia defender está restrito, de forma discriminatória, às pessoas descritas no tipo. Conclui-se que seria permitido a uma pessoa, que não se enquadre nas condições específicas do tipo, possuir tranquilamente "gazuas, chaves falsas ou alteradas ou instrumentos empregados usualmente na prática de crime de furto". Também, **não é necessária** porque se a contravenção em análise fosse realmente imprescindível e necessária para proteção do bem jurídico, o legislador teria criado a infração para punir a todos que portassem os instrumentos descritos no tipo incriminador e não a um grupo restrito de agentes.

Violação de lugar ou objeto

Art. 26 - Abrir alguém, **no exercício de profissão de serralheiro ou ofício análogo**, a pedido ou por incumbência de **pessoa de cuja legitimidade não se tenha certificado previamente**, fechadura ou qualquer outro aparelho destinado à defesa de lugar ou objeto:

Pena - prisão simples, de quinze dias a três meses, ou multa, de duzentos mil réis a um conto de réis.

1. **Análise do tipo.** Trata-se da hipótese de abertura de fechadura, cadeado ou qualquer obstáculo ao acesso a determinado lugar ou coisa, realizado por serralheiro ou quem tenha ofício semelhante, como por exemplo, o chaveiro, sem que se tenha certificado sobre a legitimidade ou idoneidade de quem determinou a abertura. Na verdade, exige o tipo que a pessoa que for chamada em razão de seu ofício para abrir ou romper qualquer obstáculo para acesso à coisa (cofre, armário, gaveta etc.) ou local deve se certificar da legitimidade de quem o contratou, sob pena de incorrer na presente contravenção.

Aplicação em concurso público:

- ***(Promotor de justiça – MPSP/2017)***

  A simples exposição à venda de cópias não autorizadas de filmes sob a forma de DVD constitui

  A) apenas um ilícito civil.

  B) mero ato preparatório.

C) fato atípico.

D) crime contra a propriedade imaterial.

E) contravenção relativa à violação de objeto.

Resposta: Letra D

2. **Tipo culposo**. Embora não conste expressamente no tipo penal, inevitavelmente, a conduta descrita no art. 26 da LCP é praticada de forma culposa (**elemento subjetivo do tipo**). Com efeito, o tipo usa a expressão *"a pedido ou por incumbência de pessoa de cuja legitimidade não se tenha certificado previamente"*, de modo que aquele que abre a coisa ou lugar foi negligente ou imprudente ao não se certificar sobre a legitimidade de quem lhe deu a ordem[23]. Se o agente sabia da ilegitimidade de quem ordenou o serviço, agiu com dolo, ainda que eventual e, por conseguinte, aderiu à conduta, sendo autor (domínio do fato – divisão de tarefas) ou partícipe (prestou auxílio material) do eventual crime que vier a ser praticado (furto, invasão de domicílio, exercício arbitrário das próprias razões etc).

3. **Sujeitos ativo e passivo**. Sujeito passivo é a sociedade. O sujeito ativo é o serralheiro ou quem exerça atividade semelhante, como por exemplo, o chaveiro. Exige-se, portanto, uma qualidade especial do autor da contravenção, que seria o exercício de um ofício que lhe garanta habilidade para abrir, destrancar, destravar, romper obstáculo que impeça o acesso ao lugar ou à coisa.

4. **Bem jurídico protegido e objeto material.** O bem jurídico protegido é a segurança pública e o objeto material do crime é a fechadura ou obstáculo que será aberto ou rompido, como o cadeado, por exemplo.

5. **Classificação.** Tipo culposo, infração penal própria (exige uma qualidade especial do sujeito ativo), mera conduta (independe da ocorrência do resultado naturalístico, que sequer é mencionado pela norma), de forma livre (não se exige um modo específico de atuação do sujeito ativo), comissiva (praticada por meio de uma ação), instantânea (a consumação ocorre em um momento certo), unissubjetiva (pode ser praticada por uma única pessoa) e plurissubsistente (pode ser praticada em mais de um ato).

6. **Referência ao valor da multa.** Na forma do art. 2.º da Lei 7.209/84, que alterou a parte geral do Código Penal, ficaram canceladas na legislação

---

23. Vale ressaltar que não seria possível a participação culposa em crime doloso, de modo que não seria possível falar que o agente que abre a fechadura sem se certificar da idoneidade de quem deu a ordem participaria culposamente de um crime de furto, por exemplo.

especial quaisquer referências a valores de multas, substituindo-se a expressão "multa de" por "multa". Aplica-se a regra do Código Penal quanto à aplicação da pena de multa, como já esclarecido anteriormente.

Exploração da credulidade pública

Art. 27 – Revogado pela Lei nº 9.521, de 27.11.1997.

1. **Revogado expressamente** pela Lei nº 9.521, de 27.11.1997.

CAPÍTULO III
DAS CONTRAVENÇÕES REFERENTES À INCOLUMIDADE PÚBLICA

Disparo de arma de fogo

Art. 28 – Disparar arma de fogo em lugar habitado ou em suas adjacências, em via pública ou em direção a ela:

Pena – prisão simples, de um a seis meses, ou multa, de trezentos mil réis a três contos de réis.

Parágrafo único. Incorre na pena de prisão simples, de quinze dias a dois meses, ou multa, de duzentos mil réis a dois contos de réis, **quem, em lugar habitado ou em suas adjacências, em via pública ou em direção a ela, sem licença da autoridade, causa deflagração perigosa, queima fogo de artifício ou solta balão aceso.**

1. **Figura típica do *caput* (revogação).** A conduta de disparar arma de fogo está tipificada, atualmente, no art. 15 da Lei 10.826/03 (Estatuto do Desarmamento), que trata da figura típica do "disparo de arma de fogo" ("Art. 15 – Disparar arma de fogo ou acionar munição em lugar habitado ou em suas adjacências, em via pública ou em direção a ela, desde que essa conduta não tenha como finalidade a prática de outro crime: Pena – reclusão, de 2 (dois) a 4 (quatro) anos, e multa". A título de observação, na verdade, a revogação já havia ocorrido com a Lei 9.437/97 (art. 10.º, §1.º, III), que depois foi também revogada pelo atual Estatuto do Desarmamento.
2. **Parágrafo único (derrogação).** No que se refere ao parágrafo único do art. 28 da LCP, convém registrar que apenas subsiste a conduta de queimar fogos de artifício em lugar habitado ou em suas adjacências, em via pública ou em direção a ela, sem licença da autoridade. Com efeito,

a conduta de *"causar deflagração perigosa"*, que se refere à combustão rápida e intensa que se propaga em uma substância explosiva, já está tipificada como crime no art. 251, parágrafo primeiro, do Código Penal. Por sua vez, a conduta de *"soltar balão aceso"*, está tipificada no art. 42 da Lei 9.605/98, que trata dos crimes ambientais.

3. **Causar queima de fogos de artifício em lugar habitado ou em suas adjacências, em via pública ou em direção a ela, sem licença da autoridade.** Os fogos de artifícios são artefatos explosivos utilizados para provocar efeitos visuais e sonoros, usados tipicamente em festas populares e comemorações. A conduta punível é causar a queima dos fogos, ou seja, acionar o artefato, mas é preciso que os fogos de artifício sejam acionados em local habitado ou perto dele, ou em via pública ou na direção dela. Na verdade, dificilmente, ainda mais compreendendo a finalidade dos fogos de artifício, alguém irá acioná-los distante de qualquer local habitado ou da via pública. A única hipótese de atipicidade, seria a deflagração dos fogos em local absolutamente ermo e distante de qualquer via pública.

4. **Licença da autoridade.** O Decreto-Lei nº 4.238/42 dispõe sobre a fabricação, o comércio e o uso de artigos pirotécnicos. Em linhas gerais, a deflagração de algumas espécies de fogos de artifício, cujo potencial explosivo é maior, depende de autorização da autoridade competente, que segundo o Decreto-Lei, são as autoridades policiais. Considerando a tradição do nosso sistema jurídico-penal, ao se referir à autoridade policial, quer-se referir ao Delegado de Polícia. No entanto, estamos convencidos de que, tratando-se de festividades populares (como festas de réveillon, por exemplo), é mais conveniente e adequado a autorização da Polícia Militar (que muito provavelmente estará presente durante o evento) e do Corpo de Bombeiros (órgão de excelência quanto ao controle de incêndios e explosivos). Assim, se a queima de fogos não exige licença da autoridade (fogos de menor poder de explosão), segundo da norma de regência (DL 4.238/42), não há que se falar em tipicidade da conduta.

5. **Conflito aparente de normas.** O tipo do parágrafo único do art. 28 da LCP pode entrar e confronto com outros tipos penais, reclamando a aplicação do critério da consunção ou absorção. Por exemplo, se a queima de fogos der causa a incêndio, a contravenção estará absorvida pelo tipo do art. 250 do Código Penal, por força da consunção, em que o tipo menos grave é o meio utilizado para realização do tipo mais grave (o crime-fim absorve o crime-meio). Da mesma forma se o artefato for utilizado como arma para tingir outra pessoa, a contravenção estará absorvida pelo delito mais grave (lesão corporal, homicídio etc.).

6. **Sujeitos ativo e passivo.** Sujeito passivo é a sociedade e o sujeito ativo pode ser qualquer pessoa, não se exigindo nenhuma qualidade especial do autor da contravenção.

7. **Bem jurídico protegido e objeto material.** O bem jurídico protegido é a incolumidade pública e o objeto material do crime é o fogo de artifício.

8. **Classificação.** Tipo doloso, infração penal comum (não exige qualidade especial do sujeito ativo), mera conduta (independe da ocorrência do resultado naturalístico, que sequer é mencionado pela norma), de forma livre (não se exige um modo específico de atuação do sujeito ativo), comissiva (praticada por meio de uma ação), instantânea (a consumação ocorre em um momento certo), unissubjetiva (pode ser praticada por uma única pessoa) e plurissubsistente (pode ser praticada em mais de um ato).

9. **Referência ao valor da multa.** Na forma do art. 2.º da Lei 7.209/84, que alterou a parte geral do Código Penal, ficaram canceladas na legislação especial quaisquer referências a valores de multas, substituindo-se a expressão "multa de" por "multa". Aplica-se a regra do Código Penal quanto à aplicação da pena de multa, como já esclarecido anteriormente.

▶ **STJ**

> **Informativo 383** – O crime de explosão (de perigo comum), tal como descrito no art. 251 do CP, exige, como circunstância elementar, a comprovação de que a conduta perpetrada causou efetivamente afronta às vidas e integridade física das pessoas, ou mesmo concreto dano ao patrimônio de outrem. **Daí que o arremesso de fogos de artifício em local ocasionalmente desabitado (no caso, a bilheteria de um cinema), que sequer causou danos ao ambiente, não pode denotar o crime de explosão. Poderia, no máximo, mostrar-se como a contravenção penal do art. 28, parágrafo único, do DL n. 3.688/1941**, a qual já foi alcançada pela prescrição. Assim, a ordem deve ser concedida para trancar a ação penal. (HC 104.952-SP, **Rel. Min. Maria Thereza de Assis Moura, julgado em 10/2/2009).**

Desabamento de construção

Art. 29 – Provocar o **desabamento** de construção ou, por **erro no projeto ou na execução**, dar-lhe causa:

Pena – multa, de um a dez contos de réis, se o fato não constitui crime contra a incolumidade pública.

1. **Núcleo do tipo.** "Provocar" significa dar causa, gerar, produzir. Nesta modalidade, a conduta é dolosa. No entanto, quando o desabamento ocorre "por erro no projeto ou na execução", a hipótese é de **modalidade culposa da contravenção**. Obviamente, que o erro no projeto ou na execução deve ser demonstrado mediante perícia técnica que ateste a imperícia, imprudência ou negligência. Desabamento de construção significa a **queda de prédio de alvenaria ou qualquer outro material com característica de perenidade**, ou seja, é a queda de uma acessão que se adere ao terreno por meio da construção.

2. **Perigo abstrato.** Trata-se, segundo a doutrina, de **infração penal de perigo abstrato**, na medida em que o art. 29 da LCP não exige o efetivo risco de lesão à integridade física ou patrimônio de terceiros. Para alguns, o tipo é inconstitucional, pois se o desabamento não gerou para ninguém efetivo risco, se revela como um indiferente penal e, portanto, não mereceria a tipificação.

3. **Tipo subsidiário.** Se o desabamento da construção criar efetivo risco de lesão à integridade física ou patrimônio de outrem, aplica-se o disposto no art. 256 do Código Penal (Art. 256 – Causar desabamento ou desmoronamento, expondo a perigo a vida, a integridade física ou o patrimônio de outrem: Pena – reclusão, de um a quatro anos, e multa). Assim, o tipo do art. 29 da LCP é subsidiário em relação ao art. 256 do CP.

4. **Sujeitos ativo e passivo**. Sujeito passivo é a sociedade e o sujeito ativo pode ser qualquer pessoa, não se exigindo nenhuma qualidade especial do autor da contravenção.

5. **Bem jurídico protegido e objeto material.** O bem jurídico protegido é a incolumidade pública e o objeto material do crime é a construção que veio à ruína.

6. **Classificação.** Tipo doloso (na modalidade provocar) e culposo (quando se dá causa por erro), infração penal comum (não exige qualidade especial do sujeito ativo), material (a consumação depende da ocorrência do resultado naturalístico), de forma livre (não se exige um modo específico de atuação do sujeito ativo), comissiva (praticada por meio de uma ação), instantânea (a consumação ocorre em um momento certo), unissubjetiva (pode ser praticada por uma única pessoa) e plurissubsistente (pode ser praticada em mais de um ato).

7. **Referência ao valor da multa.** Na forma do art. 2.º da Lei 7.209/84, que alterou a parte geral do Código Penal, ficaram canceladas na legislação especial quaisquer referências a valores de multas, substituindo-se a

expressão "multa de" por "multa". Aplica-se a regra do Código Penal quanto à aplicação da pena de multa, como já esclarecido anteriormente.

Perigo de desabamento

Art. 30 – Omitir alguém a **providência** reclamada pelo estado **ruinoso de construção** que lhe pertence ou cuja conservação lhe incumbe:

Pena – multa, de um a cinco contos de réis.

1. **Análise do tipo.** "Omitir" significa deixar de fazer algo. O tipo exige, portanto, que o agente deixe de tomar a providência que seja necessária para que não desabe a construção que lhe pertence (ser dono da coisa) ou pela qual seja responsável (como no caso do caseiro, zelador etc.). Com efeito, a simples omissão seria o suficiente para configurar o tipo penal, tratando-se, evidentemente de **infração penal omissiva própria**[24]. O tipo não exige que a omissão do agente gere efetivo e concreto risco a terceiros e, por isso, parte da doutrina afirma que o tipo é desnecessário porque, se existe perigo de desabamento, mas ele não ocorre, não faz sentido a punição penal, sendo suficiente as sanções administrativas; se o desabamento ocorre, mas sem risco para ninguém, seria um indiferente penal e, se ocorre com risco concreto de lesão a terceiros, o caso seria de aplicação do art. 256 do CP.

2. **Perigo abstrato.** Mais uma vez, trata-se de **infração penal de perigo abstrato,** não se exigindo a demonstração do efetivo risco de lesão ao bem jurídico.

3. **Sujeitos ativo e passivo**. Sujeito passivo é a sociedade e o sujeito ativo é o proprietário da construção ou quem seja o responsável por ela, exigindo-se, pois, uma qualidade especial do autor da contravenção.

4. **Bem jurídico protegido e objeto material.** O bem jurídico protegido é a incolumidade pública e o objeto material do crime é a construção que corre o risco de vir à ruína.

---

24. Em síntese, crimes comissivos são aqueles em que a conduta típica corresponde a uma ação. Crimes omissivos próprios são aqueles cuja conduta típica corresponde a um não fazer, ou seja, a uma omissão, pouco importando a ocorrência do resultado para sua consumação (ex.: art. 135, CP; art. 269, CP). Crimes omissivos impróprios ou comissivos por omissão são aqueles crimes previstos originariamente no tipo como de conduta comissiva, mas que foram praticados por meio de uma inação, infringindo o agente o dever de impedir a ocorrência do resultado (art. 13, §2.º, CP).

5. **Classificação.** Tipo doloso, infração penal própria (exige uma qualidade especial do sujeito ativo), mera conduta (a consumação independe da ocorrência do resultado naturalístico, que sequer está descrito no tipo), de forma livre (não se exige um modo específico de atuação do sujeito ativo), omissiva (praticada por meio de uma omissão), instantânea (a consumação ocorre em um momento certo), unissubjetiva (pode ser praticada por uma única pessoa), unissubsistente (praticada em ato único), de perigo abstrato.
6. **Referência ao valor da multa.** Na forma do art. 2.º da Lei 7.209/84, que alterou a parte geral do Código Penal, ficaram canceladas na legislação especial quaisquer referências a valores de multas, substituindo-se a expressão "multa de" por "multa". Aplica-se a regra do Código Penal quanto à aplicação da pena de multa, como já esclarecido anteriormente.

Omissão de cautela na guarda ou condução de animais

Art. 31 – Deixar em **liberdade**, confiar à guarda de **pessoa inexperiente**, ou não guardar com a devida cautela **animal perigoso**:

Pena – prisão simples, de dez dias a dois meses, ou multa, de cem mil réis a um conto de réis.

Parágrafo único. Incorre na mesma pena quem:

a) na via pública, **abandona animal** de tiro, carga ou corrida, ou o confia à pessoa inexperiente;

b) excita ou **irrita animal**, expondo a **perigo a segurança** alheia;

c) **conduz animal**, na via pública, pondo em **perigo a segurança** alheia.

1. **Núcleo do tipo.** "Deixar em liberdade" significa deixar solto, sem amarras ou contenção; "confiar à guarda" é entregar à posse de outrem e "não guardar com a devida cautela" representa não cuidar e vigiar com a atenção exigida.
2. **Elementos normativos do tipo**. "Pessoa inexperiente" e "animal perigoso" são elementos normativos do tipo, na medida em que exigem do intérprete a valoração da expressão com base na experiência ordinária e cultural. **Pessoa inexperiente** poderia ser, por exemplo, um adolescente ou alguém cujo desenvolvimento mental seja atrasado, provocando-lhe a ingenuidade. Mas a compreensão da inexperiência passará necessariamente pelo caso concreto. Uma criança que conviva com o animal desde o nascimento deste e que sobre ele tenha ascendência, não poderá ser tida por inexperiente, por exemplo. **Animal perigoso** seria aquela

espécie de animal, ainda que domesticado, cujo controle e comando dependa de seu dono ou tratador ou, ainda, os animais silvestres reconhecidamente perigosos. Assim, um cavalo, uma vaca, uma galinha, etc., por exemplo, ainda que soltos pela rua, não poderiam ser tidos como animais perigosos. Aliás, animais, como vacas ou cavalos, soltos nas rodovias não configuram a presente contravenção penal, pois o risco não está na ferocidade do animal, mas na sua exposição à via pública. Por outro lado, o caso concreto é que vai revelar com precisão sobre o fato de ser ou não perigoso o animal. Com efeito, um cão da raça Pitbull, por exemplo, a depender do tratamento e treinamento que teve, pode se revelar um animal dócil. Por outro lado, um cão da raça Labrador, pode ser treinado para o ataque e, solto, representar um animal perigoso.

3. **Perigo concreto.** Embora haja posição em contrário, entendemos, assim como Nucci, trata-se de infração penal de perigo concreto, sendo, portanto, necessário demonstrar no caso concreto o efetivo risco a que foram expostas as pessoas com a liberdade do animal. Assim, afastam-se conjecturas de ordem puramente ideológicas ou do senso comum, do tipo, o cão da raça Rottweiler é perigoso por natureza. Na verdade, para que a conduta daquele que permite que tal espécie de cão fique solto seja típica, é necessário demonstrar o real perigo a que os transeuntes foram expostos.

4. **Elemento subjetivo do tipo.** Nas modalidades "deixar em liberdade" e "confiar à guarda", não há dúvida de que o tipo é doloso, porquanto exige-se a vontade deliberada de deixar em liberdade o animal ou de confiá-lo a quem não tenha experiência para tanto. Todavia, na modalidade "não guardar com a devida cautela", fica evidente que o agente guardou o animal, no entanto, foi negligente, imprudente ou imperito quanto às cautelas para tanto, faltando com o dever objetivo de cuidado, de modo que nesta modalidade, o tipo é culposo. Em sentido contrário, entendendo que o tipo é sempre doloso, estão as lições de Guilherme de Souza Nucci[25].

5. **Sujeitos ativo e passivo**. Sujeito passivo é a sociedade e o sujeito ativo pode ser qualquer pessoa sob a guarda de quem esteja o animal, não se exigindo nenhuma qualidade especial do autor da contravenção.

6. **Bem jurídico protegido e objeto material.** O bem jurídico protegido é a incolumidade pública e o objeto material do crime é o animal perigoso.

---

25. Ob. cit., p. 186-188.

7. **Classificação.** Tipo doloso (nas modalidades "deixar em liberdade" e "confiar à guarda") e culposo (na modalidade "não guardar com a devida cautela"), de perigo concreto, infração penal comum (não exige nenhuma qualidade especial do sujeito ativo), mera conduta (a consumação independe da ocorrência do resultado naturalístico, que sequer está descrito no tipo), de forma livre (não se exige um modo específico de atuação do sujeito ativo), comissiva, nas modalidades "confiar" e "deixar em liberdade" (quando o agente coloca o animal em liberdade) e omissiva, nas modalidades "não guardar" e "deixar em liberdade" (quando o agente vê o animal em liberdade e não toma providência), instantânea, na modalidade "confiar" e "não guardar" e permanente, na modalidade "deixar em liberdade", unissubjetiva (pode ser praticada por uma única pessoa), unissubsistente (praticada em ato único).

8. **Referência ao valor da multa.** Na forma do art. 2.º da Lei 7.209/84, que alterou a parte geral do Código Penal, ficaram canceladas na legislação especial quaisquer referências a valores de multas, substituindo-se a expressão "multa de" por "multa". Aplica-se a regra do Código Penal quanto à aplicação da pena de multa.

9. **Parágrafo único. Alínea "a".** Na via pública, abandonar animal de tiro, carga ou corrida, ou o confiar à pessoa inexperiente. "Abandonar" é desamparar, largar de lado, e "confiar" é entrega à guarda de outrem. **Animal de tiro** são aqueles que puxam veículos, **animais de carga** são aqueles que transportam coisas no lombo e **animais de corrida** são os que selados se destinam à competição. Aqui, não se exige que o animal seja perigoso. Basta que seja largado (como abandonar um cavalo à beira do caminho) ou entregue a quem não possa dominá-lo por conta de sua inexperiência (como entregar um touro a uma criança que não saiba dominá-lo e conduzi-lo). Como acima entendemos, também aqui estamos diante de uma infração penal de perigo concreto.

   9.1. Sujeitos ativo e passivo. Sujeito passivo é a sociedade e o sujeito ativo pode ser qualquer pessoa, que seja dona do animal ou sob a guarda de quem este esteja, não se exigindo nenhuma qualidade especial do autor da contravenção.

   9.2. Bem jurídico protegido e objeto material. O bem jurídico protegido é a incolumidade pública e o objeto material do crime é o animal abandonado ou confiado a terceiro.

   9.3. Classificação. Tipo doloso, de perigo concreto, infração penal comum, de mera conduta, de forma livre, comissiva, instantânea, unissubjetiva, unissubsistente.

10. **Parágrafo único. Alínea "b".** Excitar ou irritar animal, expondo a perigo a segurança alheia. "Excitar" é estumar, instigar, atiçar; "irritar" é perturbar, enraivecer. Também, abarca qualquer animal, não exigindo o tipo que o animal seja perigoso. Exige o tipo a existência de perigo concreto, porquanto deixa claro que a conduta do agente deve expor a perigo a segurança alheia. Logo, este perigo deve ser real, concreto. Se o animal se irrita espontaneamente, não há que se falar no tipo em questão porquanto não há dolo do agente.

    10.1. Sujeitos ativo e passivo. Sujeito passivo é a sociedade e o sujeito ativo pode ser qualquer pessoa, não se exigindo nenhuma qualidade especial do autor da contravenção.

    10.2. Bem jurídico protegido e objeto material. O bem jurídico protegido é a incolumidade pública e o objeto material do crime é o animal instigado ou irritado.

    10.3. Classificação. Tipo doloso, de perigo concreto, infração penal comum, de mera conduta, de forma livre, comissiva, instantânea, unissubjetiva, unissubsistente.

11. **Parágrafo único. Alínea "c".** Conduzir animal, na via pública, pondo em perigo a segurança alheia. "Conduzir" significa guiar, dirigir, comandar. O animal deve estar em via pública e sendo conduzido expondo terceiros a perigo, o que significa dizer que se exige também o perigo concreto. Assim, aquele que conduz um cão feroz aproximando das pessoas, sem atenção para o caminho que deve ser seguido pelo animal, aquele que montado num cavalo passa a galope por um aglomerado de pessoas, aquele que guia o rebanho sem atenção para não expor terceiros a risco, cometem a contravenção em análise.

    11.1. Sujeitos ativo e passivo. Sujeito passivo é a sociedade e o sujeito ativo é a pessoa que está conduzindo o animal, exigindo-se, pois, uma qualidade especial do autor da contravenção.

    11.2. Bem jurídico protegido e objeto material. O bem jurídico protegido é a incolumidade pública e o objeto material do crime é o animal que está sendo conduzido.

    11.3. Classificação. Tipo doloso, de perigo concreto, infração penal própria, de mera conduta, de forma livre, comissiva, instantânea, unissubjetiva, plurissubsistente.

Falta de habilitação para dirigir veículo

Art. 32 – Dirigir, **sem** a devida **habilitação**, veículo na via pública, ou **embarcação a motor** em águas públicas:

Pena – multa, de duzentos mil réis a dois contos de réis.

1. **Derrogação.** Com a entrada em vigor do Código de Trânsito Brasileiro (CTB), a expressão "veículo na via pública" foi derrogada, porquanto a condução de veículo automotor sem a devida habilitação está tipificada no art. 309 do CTB[26]. Neste sentido, a súmula 720 do STF. De fato, o entendimento consolidado dos tribunais superiores é no sentido de que o CTB (Lei 9.503/97), ao regular inteiramente o direito penal de trânsito nas vias terrestres do território nacional, derrogou parcialmente o art. 32 da LCP, apenas remanescendo o dispositivo na parte em que se refere à embarcação a motor em águas públicas (Informativo 217). Inicialmente, o STJ havia entendido pela coexistência dos dispositivos legais, ao argumento de que o art. 309 do CTB exige o perigo concreto e que o art. 32 da LCP se contenta com o perigo abstrato. Mas, após a decisão do STF, sumulada a questão, o STJ modificou o entendimento para se alinhar com a jurisprudência do STF (informativos 15 e 89).

▶ **STF**

> **Súmula 720** – O art. 309 do Código de Trânsito Brasileiro, que reclama decorra do fato perigo de dano, derrogou o art. 32 da Lei das Contravenções Penais no tocante à direção sem habilitação em vias terrestres.

▶ **STJ**

> **Informativo 15** – O Código de Trânsito Brasileiro (Lei n.º 9.503, de 23/9/1997), no seu art. 309, **revogou parcialmente o art. 32 da LCP, que subsiste apenas no tocante à direção não habilitada de embarcações em águas públicas.** Assim, dirigir sem habilitação gerando perigo de dano, ou seja, dano concreto, agora é crime e não contravenção. Contudo, **apenas dirigir sem carteira de habilitação ou permissão para dirigir configura infração de caráter administrativo, sancionada com multa e apreensão do veículo**, conforme dispõe o art. 162, I do referido Código. REsp 184.790-SP, Rel. Min. Fernando Gonçalves, julgado em 20/4/1999.

26. Art. 309 – Dirigir veículo automotor, em via pública, sem a devida Permissão para Dirigir ou Habilitação ou, ainda, se cassado o direito de dirigir, gerando perigo de dano: Penas – detenção, de seis meses a um ano, ou multa.

Informativo 89 – QUINTA TURMA – DIRIGIR SEM HABILITAÇÃO. AUSÊNCIA DE DANO. INFRAÇÃO ADMINISTRATIVA. Prosseguindo o julgamento, a Turma, aderindo a recente julgamento do STF, negou provimento ao recurso, por entender que **o Código Brasileiro de Trânsito (Lei n. 9.503/97) derrogou parcialmente o art. 32 da Lei das Contravenções Penais. O citado art. 32 remanesce quanto às embarcações a motor em águas públicas. Destarte, o simples fato de dirigir sem carteira nacional de habilitação, não havendo perigo de dano, configura infração administrativa gravíssima** (v. Informativo n. 88). Precedente citado do STF: RHC 80.362-SP, DJ 21/2/2001. REsp 260.260-SP, Rel. Min. Jorge Scartezzini, julgado em 20/3/2001.

2. **Análise do tipo.** Remanescendo a contravenção de dirigir, sem a devida habilitação, embarcação a motor em águas públicas, convém registrar que "dirigir" significa guiar, conduzir, operar veículo. "Embarcação", é o meio de transporte tripulável que possa trafegar sobre a água. Mas para fins de incidência da norma do art. 32 da LCP, é necessário que a embarcação seja movida a motor, de modo que aquelas que sejam movidas pela força humana ou tração animal não se enquadram no conceito típico. De fato, a embarcação deve ser movida por uma máquina, alimentada por qualquer fonte de energia, geralmente gasolina. "Águas públicas", segundo o Código de Águas (Decreto nº 24.643/34) são os mares territoriais, incluídos golfos, baias, enseadas e portos; as correntes, canais, lagos e lagoas navegáveis ou flutuáveis; as correntes de que se façam estas águas; as fontes e reservatórios públicos; as nascentes quando forem de tal modo consideráveis que, por si só, constituam o "*caput fluminis*" e; os braços de quaisquer correntes públicas, desde que os mesmos influam na navegabilidade ou flutuabilidade.

3. **Elemento normativo do tipo.** A expressão "sem a devida habilitação" configura elemento normativo do tipo. Com efeito, para a condução de embarcação motorizada é necessário ao interessado providenciar a obtenção do "arrais" junto à Marinha do Brasil. Assim como para a obtenção da CNH, o interessado em conduzir embarcações deverá passar por um exame (prova) e obter a permissão para tanto, a qual dá-se o nome de arrais. Se o agente **possui a habilitação, mas a mesma está vencida** ou, por qualquer motivo, suspensa, considera-se preenchida elementar do tipo e a conduta é típica. Note-se, ainda, **o tipo não exige o porte da habilitação**. Assim, aquele que tem habilitação, mas está conduzindo a embarcação sem portar tal documento, pode vir a cometer alguma infração administrativa, mas não pratica a contravenção em análise.

4. **Perigo abstrato e perigo concreto.** A discussão que se travou no STF por ocasião do julgamento que enfrentou o conflito entre o art. 32 da

LCP e o art. 309 do CTB está diretamente ligada à definição do perigo concreto ou abstrato em cada um dos tipos penais. Neste contexto, no fundamento dos votos ficou claro que o crime do art. 309 do CTB é de perigo concreto, na medida em que o legislador expressamente exigiu que a conduta gere de perigo de dano e que o tipo do art. 32 da LCP se trata de tipo de perigo abstrato porquanto não se exige a demonstração do efetivo risco gerado pela conduta. Ao final, embora tenha ficado registrado no julgamento que, de fato, o art. 32 versa sobre perigo abstrato e o art. 309 exige o perigo de dano concreto, como dito, prevaleceu a tese de que o art. 309 do CTB derrogou o art. 32 da LCP.

▶ **STF**

Informativo 216 – Iniciado o julgamento de recurso ordinário em habeas corpus em que se alega que o art. 32 da Lei de Contravenções Penais ("Dirigir, sem a devida habilitação, veículo na via pública, ou embarcação a motor em águas públicas".) teria sido revogado pelo art. 309 do Código de Trânsito Brasileiro ("dirigir veículo automotor, em via pública, sem a devida Permissão para Dirigir ou Habilitação ou, ainda, se cassado o direito de dirigir, gerando perigo de dano"). **Trata-se, na espécie, de recurso ordinário contra acórdão do STJ que decidira pela coexistência das duas figuras, uma vez que o art. 32 versa sobre perigo abstrato e o art. 309 exige o perigo de dano concreto. Após o voto do Min. Ilmar Galvão, relator, negando provimento ao recurso por entender que inexiste o alegado conflito entre a contravenção do art. 32 e a conduta do art. 309 do CTB (Lei 9.503/97); e dos votos dos Ministros Sepúlveda Pertence e Marco Aurélio dando provimento ao recurso para deferir o habeas corpus, por entenderem que a Lei 9.503/97, ao regular inteiramente o direito penal de trânsito nas vias terrestres do território nacional, derrogou parcialmente o citado art. 32**, pediu vista a Ministra Ellen Gracie. (RHC 80.362-SP, rel. Min. Ilmar Galvão, 7.2.2001)

Informativo 217 – Concluído o julgamento de recurso ordinário em habeas corpus em que se discutia se o art. 32 da Lei de Contravenções Penais ("Dirigir, sem a devida habilitação, veículo na via pública, ou embarcação a motor em águas públicas".) teria sido revogado pelo art. 309 do Código de Trânsito Brasileiro ("dirigir veículo automotor, em via pública, sem a devida Permissão para Dirigir ou Habilitação ou, ainda, se cassado o direito de dirigir, gerando perigo de dano") - v. Informativo 216. **O Tribunal deu provimento ao recurso para deferir o habeas corpus, por entender que o CTB (Lei 9.503/97), ao regular inteiramente o direito penal de trânsito nas vias terrestres do território nacional, derrogou parcialmente o citado art. 32 (remanesce o dispositivo na parte em que se refere à embarcação a motor em águas públicas).** O Min. Ilmar Galvão, relator, retificou o seu voto para dar provimento ao recurso. (RHC 80.362-SP, rel. Min. Ilmar Galvão, 14.2.2001)

5. **Conflito aparente de normas.** Na eventualidade de a condução da embarcação motorizada sem habilitação for meio de execução de outra infração penal mais grave, como por exemplo, lesão corporal ou homicídio, o crime fim absorve o crime meio, aplicando-se o critério da consunção, de modo que não será o caso de concurso de crimes.

6. **Sujeitos ativo e passivo.** Sujeito passivo é a sociedade e o sujeito ativo pode ser qualquer pessoa, não se exigindo nenhuma qualidade especial do autor da contravenção.

7. **Bem jurídico protegido e objeto material.** O bem jurídico protegido é a incolumidade pública e o objeto material do crime é a embarcação motorizada.

8. **Classificação.** Tipo doloso, de perigo abstrato, infração penal comum (não exige nenhuma qualidade especial do sujeito ativo), de mera conduta (a consumação independe da ocorrência do resultado naturalístico, que sequer está descrito no tipo), de forma livre (não se exige um modo específico de atuação do sujeito ativo), comissiva (praticada mediante uma ação), instantânea (praticada em momento definido), unissubjetiva (pode ser praticada por uma única pessoa), plurissubsistente (pode ser praticada em mais de um ato).

9. **Referência ao valor da multa.** Na forma do art. 2.º da Lei 7.209/84, que alterou a parte geral do Código Penal, ficaram canceladas na legislação especial quaisquer referências a valores de multas, substituindo-se a expressão "multa de" por "multa". Aplica-se a regra do Código Penal quanto à aplicação da pena de multa.

Direção não licenciada de aeronave

Art. 33– Dirigir **aeronave** sem estar devidamente **licenciado**:

Pena – prisão simples, de quinze dias a três meses, e multa, de duzentos mil réis a dois contos de réis.

1. **Núcleo do tipo.** "Dirigir" significa guiar, conduzir, operar e no caso específico de aeronave, melhor seria a utilização do verbo "pilotar".

2. **Elementos normativos do tipo.** As expressões "aeronave" e "sem estar devidamente licenciado" configuram elementos normativos do tipo. *"Aeronave"* é o aparelho capaz de se sustentar e se conduzir no ar, para

transportar pessoas ou coisas, sendo, portanto, o meio de transporte aéreo tripulável. Na forma do art. 106 do Código Brasileiro de Aeronáutica, *"considera-se aeronave todo aparelho manobrável em vôo, que possa sustentar-se e circular no espaço aéreo, mediante reações aerodinâmicas, apto a transportar pessoas ou coisas"*. Sobre a licença, para a condução de aeronave é necessário ao interessado providenciar a obtenção da autorização junto à ANAC – Agência Nacional de Aviação Civil, cujo procedimento está regulado pelo Regulamento Brasileiro da Aviação Civil (RBAC nº 61). Se o agente **possui a licença, mas a mesma está vencida** ou, por qualquer motivo, suspensa, considera-se preenchida elementar do tipo e a conduta é típica. Note-se, ainda, o **tipo não exige o porte da licença**. Assim, aquele que tem licença, mas está conduzindo a aeronave sem portar tal documento, pode vir a cometer alguma infração administrativa (art. 302 do Código Brasileiro de Aeronáutico), mas não pratica a contravenção em análise.

3. **Perigo abstrato.** O tipo do art. 33 da LCP trata-se de tipo de perigo abstrato porquanto não se exige a demonstração do efetivo risco gerado pela conduta.
4. **Conflito aparente de normas.** Na eventualidade da condução da aeronave sem estar devidamente licenciado ser meio de execução de outras infrações penais mais graves, como por exemplo, lesão corporal ou homicídio, o crime fim absorve o crime meio, aplicando-se o critério da consunção, de modo que não será o caso de concurso de crimes.
5. **Sujeitos ativo e passivo**. Sujeito passivo é a sociedade e o sujeito ativo pode ser qualquer pessoa, não se exigindo nenhuma qualidade especial do autor da contravenção.
6. **Bem jurídico protegido e objeto material.** O bem jurídico protegido é a incolumidade pública e o objeto material do crime é a aeronave.
7. **Classificação.** Tipo doloso, de perigo abstrato, infração penal comum (não exige nenhuma qualidade especial do sujeito ativo), de mera conduta (a consumação independe da ocorrência do resultado naturalístico, que sequer está descrito no tipo), de forma livre (não se exige um modo específico de atuação do sujeito ativo), comissiva (praticada mediante uma ação), instantânea (praticada em momento definido), unissubjetiva (pode ser praticada por uma única pessoa), plurissubsistente (pode ser praticada em mais de um ato).
8. **Referência ao valor da multa.** Na forma do art. 2.º da Lei 7.209/84, que alterou a parte geral do Código Penal, ficaram canceladas na legislação especial quaisquer referências a valores de multas, substituindo-se a

expressão "multa de" por "multa". Aplica-se a regra do Código Penal quanto à aplicação da pena de multa.

Direção perigosa de veículo na via pública

Art. 34 –Dirigir veículos na via pública, ou **embarcações em águas públicas**, pondo em **perigo a segurança** alheia:

Pena – prisão simples, de quinze dias a três meses, ou multa, de trezentos mil réis a dois contos de réis.

1. **Derrogação.** Embora exista divergência doutrinária, entendemos que, com a entrada em vigor do Código de Trânsito Brasileiro (CTB), a expressão "veículos na via pública" foi derrogada, porquanto a condução perigosa de veículo automotor está tipificada nos art. 306, 308 e 311, todos do CTB[27]. Embora não haja decisão colegiada no âmbito do **Supremo Tribunal Federal, extrai-se da decisão monocrática proferida pelo Min. Gilmar Mendes que o STF consolidou entendimento no sentido de que o CTB revogou** todas as contravenções ou crimes relacionados ao trânsito brasileiro (tráfego de veículos automotores em vias terrestres) e não apenas o art. 32 da LCP. Os artigos 306, 308 e 311 do CTB preveem condutas mais específicas que aquela do art. 34 da LCP, sendo que o Código procurou positivar a regulação plena aplicável às condutas ocorrentes no trânsito. Afirma ainda o Ministro que, além disso, a data de edição da LCP – muito provavelmente revela a defasagem do art. 34 em relação ao sistema de brasileiro de trânsito hodierno. Por essas razões, entendeu que o CTB revogou não somente os art. 32 e art. 34 da LCP, como quaisquer outros dispositivos que tipifiquem condutas

27. Art. 308 – Participar, na direção de veículo automotor, em via pública, de corrida, disputa ou competição automobilística ou ainda de exibição ou demonstração de perícia em manobra de veículo automotor, não autorizada pela autoridade competente, gerando situação de risco à incolumidade pública ou privada: Penas – detenção, de 6 (seis) meses a 3 (três) anos, multa e suspensão ou proibição de se obter a permissão ou a habilitação para dirigir veículo automotor.
Art. 310 – Permitir, confiar ou entregar a direção de veículo automotor a pessoa não habilitada, com habilitação cassada ou com o direito de dirigir suspenso, ou, ainda, a quem, por seu estado de saúde, física ou mental, ou por embriaguez, não esteja em condições de conduzi-lo com segurança: Penas – detenção, de seis meses a um ano, ou multa.
Art. 311 – Trafegar em velocidade incompatível com a segurança nas proximidades de escolas, hospitais, estações de embarque e desembarque de passageiros, logradouros estreitos, ou onde haja grande movimentação ou concentração de pessoas, gerando perigo de dano: Penas – detenção, de seis meses a um ano, ou multa.

de trânsito no âmbito criminal, e absorveu, em parte, as disposições anteriores. **No mesmo sentido tem seguido o Superior Tribunal de Justiça**, como se colhe também de decisão monocrática colacionada abaixo, prolatada com base na súmula 568[28] do próprio STJ. **Em sentido contrário,** comentando o art. 34 da LCP, afirma Damásio de Jesus[29] que *"os artigos 306, 308, 309 e 311 do CTB criaram modalidades de crimes que, antes de sua vigência, enquadravam-se na contravenção de direção perigosa de veículo na via pública (art. 34 da LCP). Hoje, o excesso de velocidade (velocidade incompatível), conforme o caso, constitui crime ou contravenção. Assim, dirigir veículo em velocidade incompatível nas proximidades de escolas, hospitais, estações de embarque ou desembarque de passageiros, logradouros estreitos ou onde haja grande concentração ou movimentação de pessoas, causando perigo de dano, configura crime (art. 311 do CT). Nas outras hipóteses, subsiste o art. 34 da LCP".*

▶ **STF**

> DECISÃO MONOCRÁTICA – Inicialmente, registro que o Supremo Tribunal Federal, no julgamento, pelo Plenário, do recurso ordinário em Habeas Corpus 80.362, Relator Ministro Ilmar Galvão, DJ 4.10.2002, consolidou entendimento no sentido de que o Código de Trânsito Brasileiro revogou todas as tipificações penais concernentes ao tráfego de veículos automotores em vias terrestres. [...] Na ocasião, esta Suprema Corte apreciou especificamente a derrogação do art. 32 da Lei das Contravenções Penais pelo art. 309 do Código de Trânsito Brasileiro. Entretanto, ao perquirir a solução da controvérsia, **firmou entendimento no sentido de que o Código de Trânsito Brasileiro revogou não somente o art. 32 do Decreto-Lei nº 3.688/1941, como, também, todas as outras contravenções ou crimes relacionados ao trânsito brasileiro.** Assim, o Código de Trânsito Brasileiro, em vigor desde 23 de setembro de 1997, procurou disciplinar na maior completude possível e de modo sistemático as normas concernentes ao tráfego de veículos automotores nas vias terrestres brasileiras. Além de os artigos 306, 308 e 311 do Código de Trânsito Brasileiro preverem condutas mais específicas que aquela do art. 34 da Lei das Contravenções Penais, o Código procurou positivar regulação plena aplicável às condutas ocorrentes no trânsito. Oportuno ressaltar que esse Código previu um capítulo – do art. 161 ao art. 255 – dedicado a infrações de natureza administrativa, e outro – do art. 291 ao art.

28. Súmula 568 – O relator, monocraticamente e no Superior Tribunal de Justiça, poderá dar ou negar provimento ao recurso quando houver entendimento dominante acerca do tema.
29. Op. cit. p. 132.

312 – destinado a tratar penalmente determinadas condutas de trânsito. Além disso, a data de edição do Decreto-Lei nº 3.688 – 3 de outubro de 1941 – muito provavelmente revela a defasagem do art. 34 em relação ao sistema de brasileiro de trânsito hodierno. Por essas razões, parece-me claro que o Código de Trânsito Brasileiro revogou não somente os art. 32 e art. 34 da Lei das Contravenções Penais, como quaisquer outros dispositivos que tipifiquem condutas de trânsito no âmbito criminal, e absorveu, em parte, as disposições anteriores. Esse entendimento foi sumulado a partir do julgamento do referido recurso ordinário em Habeas Corpus, oportunidade em que o Supremo Tribunal Federal salientou a revogação, a partir da edição do Código de Trânsito, de quaisquer dispositivos penais outrora aplicáveis ao tráfego de veículos automotores em vias terrestres. Convém expor que, na ocasião, o ilustre Ministro Sepúlveda Pertence atentou para o fato de o próprio Código de Trânsito Brasileiro, em seu art. 161, ter positivado intenção de regulação totalizante dos crimes de trânsito. [...] Como se observa, esse Código expressamente estabeleceu que as penalidades na esfera administrativa não necessariamente excluirão a punibilidade penal em relação a condutas de trânsito. A independência entre as instâncias administrativa, cível e penal, aliás, se aplica a toda a sistemática da ordem jurídica brasileira. Entretanto, assim o fez a partir da ressalva de que incidirão apenas as sanções previstas no Capítulo XIX do Código – a saber, o Capítulo dos Crimes de Trânsito – o que denota a intenção, por parte dessa legislação, em disciplinar a totalidade dos tipos penais relacionados a condução de veículos automotores em vias terrestres. **Pelos motivos aqui delineados e, sobretudo pelo que ficou sedimentado com o julgamento do Recurso Ordinário em Habeas Corpus nº 80.362, entendo que o Código de Trânsito Brasileiro revogou a direção perigosa em vias terrestres tipificada na primeira parte do art. 34 do Decreto-Lei nº 3.688/1941. Dessarte, não há como imputar ao agravante a prática de contravenção já revogada.** [...] (ARE 635241, Relator(a): Min. GILMAR MENDES, julgado em 27/06/2012, publicado em DJe-150 DIVULG 31/07/2012 PUBLIC 01/08/2012).

- **STJ**

DECISÃO MONOCRÁTICA – O Direito Penal tem procurado tipificar comportamentos cuja gravidade causa ou tem o potencial de causar dano a um bem jurídico; tem, inclusive, procurado intervir nas atividades humanas somente quando for importante o bem jurídico que visa proteger com relação à sociedade como um todo; e por isso, tem descriminado condutas que, embora formalmente típicas, não atingem de forma relevante o bem jurídico penal, como também o comportamento social frente a fatos típicos hoje tolerados, como o adultério (NUCCI, Guilherme de Souza. Leis Penais e Processuais

Penais Comentadas. 8. ed. Rio de Janeiro: Forense, 2014. vol. 1). **Dessa forma, ganham deferência os princípios da fragmentariedade, da proporcionalidade, da intervenção mínima, da subsidiariedade, da adequação social e da insignificância, os quais não autorizam, no advento da Lei n. 9.503/1997 (Código de Trânsito Brasileiro), viger o art. 34 do Decreto-Lei n. 3.688/1941, Lei de Contravenções Penais, no que tange ao trânsito terrestre, por regulação inteira da matéria.** [...] O tema é controvertido, mas nos filiamos àqueles que entendem que o atual Código de Trânsito Brasileiro derrogou tacitamente a referida contravenção. O art. 1.º do referido Codex dispõe que: "O trânsito de qualquer natureza nas vias terrestres do território nacional, abertas à circulação, rege-se por este Código". Já o art. 161 "Constitui infração de trânsito a inobservância de qualquer preceito deste Código, da legislação complementar ou das resoluções do CONTRAN, sendo o infrator sujeito às penalidades e medidas administrativas indicadas em cada artigo, além das punições previstas no Capítulo XIX". Como visto, embora o CTB não tenha revogado expressamente os dispositivos da Lei de Contravenções Penais, a regra hermenêutica prevista no § 2.º, do art. 2.º, da Lei de Introdução ao Código Civil traz que: "A lei posterior revoga a anterior quando expressamente o declare, quando seja com ela incompatível ou quando regule inteiramente a matéria de que tratava a lei anterior". Logo, é possível concluir que, ao disciplinar os crimes de direção perigosa – art. 306 (embriaguez ao volante), art. 308 (racha), art. 309 (falta de habilitação), e art. 311 (velocidade incompatível), a Lei n° 9.503/97, o Legislador elegeu as hipóteses que configuram crimes, sendo que as demais podem se amoldar as infrações administrativas, e algumas consideradas gravíssimas. Oportuno ressaltar que a matéria foi apreciada pelo colendo Supremo Tribunal Federal também decidiu pela derrogação de todos os dispositivos da Lei de Contravenções Penais que tratavam sobre o trânsito terrestre: [...] Em acréscimo, registro que a conduta imputada ao recorrido seria tipificada, em tese, no disposto no art. 308 da Lei n. 9.503/1997, todavia, insiste o Parquet estadual na condenação do recorrido pela contravenção penal, logo deve ser mantido o édito absolutório, diante da revogação tácita do art. 34 da Decreto-Lei n. 3.688/1941 (Lei das Contravenções Penais), tendo em vista que o Código de Trânsito Brasileiro regulou inteiramente a matéria referente à condução de veículo automotor nas vias terrestres do território nacional, não mais havendo espaço para aplicação de qualquer outra sanção penal além das previstas no aludido Código. Por conseguinte, não merece reforma o acórdão a quo. Sendo repetidamente decidida a matéria debatida, conforme os precedentes citados, o presente recurso comporta pronta solução, nos moldes do art. 34 do RISTJ e o disposto na Súmula 568/STJ, com o fim de se agilizar a prestação jurisdicional. Ante o exposto, com fulcro no art. 34 do RISTJ e no disposto na Súmula 568/STJ, nego provimento ao recurso especial. Publique-se. (Ministro SEBASTIÃO REIS JÚNIOR, 28/11/2016). RECURSO ESPECIAL Nº 1.633.335 – SP (2016/0273933-6) RELATOR: MINISTRO SEBASTIÃO REIS JÚNIOR

Aplicação em concurso público:

- ***(FAURGS – Conciliador Criminal – TJ-RS/2012)***

Qual das condutas referidas abaixo NÃO representa uma contravenção penal?

A) Praticar vias de fato contra alguém.

B) Não guardar com a devida cautela animal perigoso.

C) Perturbar alguém, o trabalho ou o sossego alheios com gritaria ou algazarra.

D) Recusar-se a receber, pelo seu valor, moeda de curso legal no país.

E) Entregar a direção de veículo automotor a pessoa não habilitada.

A alternativa "E" não representa uma contravenção penal

2. **Análise do tipo.** Remanescendo a contravenção de **dirigir embarcação em águas públicas pondo em perigo a segurança alheia**, convém registrar que "dirigir" significa guiar, conduzir, operar veículo. "Embarcação", é o meio de transporte tripulável que possa trafegar sobre a água. Para fins de incidência da norma do art. 34 da LCP, não é necessário que a embarcação seja movida a motor, de modo que aquelas que sejam movidas pela força humana ou tração animal se enquadram no conceito típico. A embarcação não precisa ser movida por uma máquina. "Águas públicas", segundo o Código de Águas (Decreto nº 24.643/34) são os mares territoriais, incluídos golfos, baias, enseadas e portos; as correntes, canais, lagos e lagoas navegáveis ou flutuáveis; as correntes de que se façam estas águas; as fontes e reservatórios públicos; as nascentes quando forem de tal modo consideráveis que, por si só, constituam o "*caput fluminis*" e; os braços de quaisquer correntes públicas, desde que os mesmos influam na navegabilidade ou flutuabilidade.

3. **Perigo concreto.** O tipo exige que a direção da embarcação coloque em risco a segurança das pessoas, de modo que é necessário para a adequação típica que esteja demonstrado que a conduta, efetivamente, expôs terceiros a efetivo perigo. Não basta a alegação de perigo em abstrato, pela simples realização de eventual manobra arriscada, por exemplo. Assim, evidentemente, o tipo é de perigo concreto.

4. **Conflito aparente de normas.** Na eventualidade de a condução da embarcação colocando em perigo a segurança alheia for o meio de execução

de outra infração penal mais grave, como por exemplo, lesão corporal, homicídio ou perigo à vida de outrem (art. 132, CP), o crime fim absorve o crime meio, aplicando-se o critério da consunção, de modo que não será o caso de concurso de crimes, respondendo-se o agente apenas pelo crime mais grave. No caso de condução perigosa sob o efeito de drogas, aplica-se o art. 39 da Lei 11.343/06[30].

5. **Sujeitos ativo e passivo**. Sujeito passivo é a sociedade e o sujeito ativo pode ser qualquer pessoa, não se exigindo nenhuma qualidade especial do autor da contravenção.

6. **Bem jurídico protegido e objeto material.** O bem jurídico protegido é a incolumidade pública e o objeto material do crime é a embarcação.

7. **Classificação.** Tipo doloso, de perigo concreto, infração penal comum (não exige nenhuma qualidade especial do sujeito ativo), de mera conduta (a consumação independe da ocorrência do resultado naturalístico, que sequer está descrito no tipo), de forma livre (não se exige um modo específico de atuação do sujeito ativo), comissiva (praticada mediante uma ação), instantânea (praticada em momento definido), unissubjetiva (pode ser praticada por uma única pessoa), plurissubsistente (pode ser praticada em mais de um ato).

8. **Referência ao valor da multa.** Na forma do art. 2.º da Lei 7.209/84, que alterou a parte geral do Código Penal, ficaram canceladas na legislação especial quaisquer referências a valores de multas, substituindo-se a expressão "multa de" por "multa". Aplica-se a regra do Código Penal quanto à aplicação da pena de multa.

Abuso na prática da aviação

Art. 35 – Entregar-se na prática da **aviação**, a **acrobacias** ou a **voos baixos**, fora da zona em que a lei o permite, ou fazer **descer a aeronave** fora dos **lugares destinados** a esse fim:

Pena – prisão simples, de quinze dias a três meses, ou multa, de quinhentos mil réis a cinco contos de réis..

---

30. Art. 39 – Conduzir embarcação ou aeronave após o consumo de drogas, expondo a dano potencial a incolumidade de outrem: Pena – detenção, de 6 (seis) meses a 3 (três) anos, além da apreensão do veículo, cassação da habilitação respectiva ou proibição de obtê-la, pelo mesmo prazo da pena privativa de liberdade aplicada, e pagamento de 200 (duzentos) a 400 (quatrocentos) dias-multa.

1. **Núcleo do tipo.** *"Entregar-se"* significa ocupar-se, dedicar-se, lançar-se. De fato, seria melhor que o legislador tivesse utilizado o verbo "pilotar". No entanto, vale ressaltar que a opção do legislador pelo verbo "entregar-se", embora possa parecer, não revela uma infração penal de caráter permanente (cuja consumação se alonga no tempo), nem habitual (que exige reiteração do comportamento). Trata-se mesmo de infração penal instantânea, em que a consumação acontece em um momento exato e determinado.

2. **Análise do tipo. Elementos normativos. Norma penal em branco.** *"Aeronave"* é o aparelho capaz de se sustentar e se conduzir no ar, para transportar pessoas ou coisas, sendo, portanto, o meio de transporte aéreo tripulável. Na forma do art. 106 do Código Brasileiro de Aeronáutica, *"considera-se aeronave todo aparelho manobrável em vôo, que possa sustentar-se e circular no espaço aéreo, mediante reações aerodinâmicas, apto a transportar pessoas ou coisas"*. *"Acrobacia"* é a condução anormal, representada pelo conjunto de exercícios efetuados na condução da aeronave que incluem piruetas, giros, composição de figuras no ar, mudanças de direção, de altitude e de velocidade fora dos padrões naturais da aviação. Para a compreensão do que seriam os *"voos baixos"*, é preciso consultar as normas de aviação civil. Recorde-se que o tipo ressalta a possibilidade de a lei autorizar acrobacias e voos baixos em determinadas zonas e, obviamente, se assim o fizer, naquelas áreas a conduta não configurará o tipo penal. Sobre *"descer a aeronave fora dos lugares destinados a esse fim"*, da mesma forma, tratando-se de norma penal em branco, a compreensão do tipo passa, necessariamente, pelo conhecimento das normas da aviação civil, fixadas pela ANAC.

3. **Excludente de ilicitude. Estado de necessidade.** Evidentemente que o pouso em local inadequado, o voo rasante ou a acrobacia para evitar a queda ou a colisão da aeronave configura hipótese de exclusão da ilicitude, especificamente, o estado de necessidade (art. 24, CP)

4. **Perigo abstrato.** Trata-se de infração penal de perigo abstrato, já que o tipo penal não exige a demonstração de efetivo risco de dano para a consumação do delito. No entanto, a percepção deste risco abstrato pode variar muito de acordo com o modelo, tamanho e destinação da aeronave.

5. **Conflito aparente de normas.** Na eventualidade de a condução da aeronave em acrobacias ou voo baixo ou, ainda, o ato de aterrizá-la for o meio de execução de outra infração penal mais grave, como por exemplo, lesão corporal, homicídio ou perigo à vida de outrem, o crime fim absorve o crime meio, aplicando-se o critério da consunção, de modo

que **não será o caso de concurso de crimes**, respondendo-se o agente apenas pelo crime mais grave. No caso da conduta ser praticada sob o efeito de drogas, aplica-se o art. 39 da Lei 11.343/06[31].

6. **Concurso entre os tipos dos artigos 33 e 35 da LCP.** Parte da doutrina entende que se o agente pratica, por exemplo, acrobacia aérea e não tem licença para pilotar aeronave, há aparente conflito entre os tipos dos artigos 33 e 35 da LCP, que deve ser resolvido pela consunção, de modo que, sendo a pena do art. 33 mais grave (cumula prisão simples e multa) que a pena do art. 35 (multa é alternativa), prevalece o primeiro em relação ao segundo. **Ousamos discordar**. Os critérios para solução de antinomias são: a) **Especialidade**, segundo o qual a norma especial deve prevalecer sobre a norma geral, porquanto o tipo penal especial possui todas as elementares de outro tipo penal, mas acrescido de algum elemento especializante (Ex.: art. 123 X art. 121; art. 121, §2.º, V X art. 157, §3.º); b) **subsidiariedade**, em que a norma penal apenas se aplica se não houver outra, de maior gravidade, aplicável ao caso, sendo expressa, quando o próprio tipo subsidiário ressalva a possibilidade de incidência do tipo mais grave (ex.: art. 132, em relação aos tipos do art. 121 a 129, do CP; arts. 238 e 239, CP) ou tácita, quando o tipo subsidiário é elementar ou circunstância do tipo mais grave (ex.: art. 135 e 121 do CP, art. 147 e 146, CP; art. 163 e 155, §4.º, I, CP) e; c) **Consunção ou absorção**, em que o tipo menos grave é meio necessário ou mero ato preparatório do tipo mais grave, de modo que o crime-fim absorve o crime-meio, sendo critério residual e serve para solucionar as questões não resolvidas pela especialidade e pela subsidiariedade. Analisando cuidadosamente os tipos dos artigos 33 e 35 da LCP, não vislumbro entre eles relação de especialidade ou de subsidiariedade e, por questão óbvia não entendo possível reconhecer o tipo do art. 35 (menos grave) como meio de execução ou ato preparatório do tipo do art. 33 (mais grave). O inverso também não se sustenta, em primeiro porque não ter a licença não é meio de execução das acrobacias. Assim, não é a hipótese da consunção ou absorção. Assim, sustento ser perfeitamente possível o concurso de crimes entre os artigos 33 e 35 da LCP.

---

31. Art. 39 – Conduzir embarcação ou aeronave após o consumo de drogas, expondo a dano potencial a incolumidade de outrem: Pena – detenção, de 6 (seis) meses a 3 (três) anos, além da apreensão do veículo, cassação da habilitação respectiva ou proibição de obtê-la, pelo mesmo prazo da pena privativa de liberdade aplicada, e pagamento de 200 (duzentos) a 400 (quatrocentos) dias-multa.

7. **Sujeitos ativo e passivo**. Sujeito passivo é a sociedade e o sujeito ativo pode ser qualquer pessoa, não se exigindo nenhuma qualidade especial do autor da contravenção.

8. **Bem jurídico protegido e objeto material.** O bem jurídico protegido é a incolumidade pública e o objeto material do crime é a aeronave.

9. **Classificação.** Tipo doloso, de perigo abstrato, infração penal comum (não exige nenhuma qualidade especial do sujeito ativo), de mera conduta (a consumação independe da ocorrência do resultado naturalístico, que sequer está descrito no tipo), de forma livre (não se exige um modo específico de atuação do sujeito ativo), comissiva (praticada mediante uma ação), instantânea (praticada em momento definido), unissubjetiva (pode ser praticada por uma única pessoa), plurissubsistente (pode ser praticada em mais de um ato).

10. **Referência ao valor da multa.** Na forma do art. 2.º da Lei 7209/84, que alterou a parte geral do Código Penal, ficaram canceladas na legislação especial quaisquer referências a valores de multas, substituindo-se a expressão "multa de" por "multa". Aplica-se a regra do Código Penal quanto à aplicação da pena de multa.

Sinais de perigo

Art. 36 – Deixar de colocar na via pública, **sinal ou obstáculo**, determinado em lei ou pela autoridade e destinado a **evitar perigo a transeuntes**:

Pena – prisão simples, de dez dias a dois meses, ou multa, de duzentos mil réis a dois contos de réis.

Parágrafo único. Incorre na mesma pena quem:

a) **apaga sinal luminoso**, destrói ou **remove sinal** de outra natureza ou obstáculo destinado a evitar perigo a transeuntes;

b) **remove** qualquer **outro sinal de serviço público**.

1. **Análise do tipo.** "*Deixar de*" significa não fazer algo. "Via pública" é o meio de passagem terrestre, urbano ou rural, aberta à circulação. O Código de Trânsito Brasileiro, em seu art. 60, por sua vez, fixa que as vias abertas à circulação, de acordo com sua utilização, classificam-se em: vias urbanas (via de trânsito rápido; via arterial; via coletora; via local) e vias rurais (rodovias e estradas). "*Sinal*", no caso do presente tipo, é o objeto que serve para identificação visual de uma situação ou fato. "Obstáculo" é o objeto que impede ou dificulta a progressão de

alguém ou alguma coisa, ou impede ou atrapalha o acesso a determinado objeto ou local.

2. **Norma penal em branco. Elemento normativo.** Exige o tipo penal que a colocação do sinal ou objeto seja *"determinada pela lei ou por autoridade"* para *"evitar perigo a transeuntes"*. Obviamente, a omissão penalmente relevante e, portanto, típica, apenas estará configurada quando o comportamento omitido decorrer de determinação legal ou de ordem legal de uma autoridade. Quanto à determinação legal, vale ressaltar que o Código de Trânsito Brasileiro, na forma de seu art. 1.º, regula o *"trânsito de qualquer natureza nas vias terrestres do território nacional, abertas à circulação"* e, portanto, se há determinação legal, a mesma deve estar descrita no CTB. Neste sentido, o art. 46 é expresso: *"Sempre que for necessária a imobilização temporária de um veículo no leito viário, em situação de emergência, deverá ser providenciada a imediata sinalização de advertência, na forma estabelecida pelo CONTRAN"*. Por sua vez, regulamentando o dispositivo, o CONTRAN editou a Resolução 36/98[32]. Portanto, cumprida a determinação da resolução, a conduta será atípica, já que não se poderá falar em omissão. Por outro lado, sobre a ordem da autoridade, entendemos que apenas admite-se a ordem legal da autoridade de trânsito ou policial, conforme o caso.

3. **Sujeitos ativo e passivo**. Sujeito passivo é a sociedade e o sujeito ativo é a pessoa que tenha a obrigação de sinalizar a via ou inserir o obstáculo.

4. **Bem jurídico protegido e objeto material.** O bem jurídico protegido é a incolumidade pública e o objeto material do crime é o sinal ou obstáculo.

5. **Classificação.** Tipo doloso, de perigo concreto (exige-se efetiva probabilidade de dano a terceiros), infração penal própria (exige uma qualidade especial do sujeito ativo, ou seja, apenas quem tenha a obrigação legal), de mera conduta (a consumação independe da ocorrência do resultado naturalístico, que sequer está descrito no tipo), de vinculada (pois a norma exige um modo específico em que a sinalização deve ser colocada), omissiva (praticada mediante uma inação), instantânea (praticada em momento definido), unissubjetiva (pode ser praticada por uma única pessoa), unissubsistente (praticada em ato único).

---

32. Art.1º O condutor deverá acionar de imediato as luzes de advertência (pisca-alerta) providenciando a colocação do triângulo de sinalização ou equipamento similar à distância mínima de 30 metros da parte traseira do veículo.
Parágrafo único. O equipamento de sinalização de emergência deverá ser instalado perpendicularmente ao eixo da via, e em condição de boa visibilidade.

6. **Referência ao valor da multa.** Na forma do art. 2.º da Lei 7.209/84, que alterou a parte geral do Código Penal, ficaram canceladas na legislação especial quaisquer referências a valores de multas, substituindo-se a expressão "multa de" por "multa". Aplica-se a regra do Código Penal quanto à aplicação da pena de multa.

7. **Tipo penal do parágrafo único, alínea "a". Análise do tipo.** Ao contrário do *caput* do artigo, agora preocupa-se o legislador com condutas comissivas. Assim, incorre nas mesmas penas do *caput,* quem *"apaga sinal luminoso, destrói ou remove sinal de outra natureza ou obstáculo destinado a evitar perigo a transeuntes"* e *"remove qualquer outro sinal de serviço público"*. O núcleo *"apagar"*, que significa fazer sumir ou desaparecer, se liga ao objeto "sinal luminoso", ou seja, que emite ou reflete luz. Os núcleos "destruir" (inutilizar). Tanto o sinal luminoso, quanto sinal de outra natureza e obstáculo, devem estar colocados na via para evitar o risco de dano aos transeuntes. Então, se o obrigado por lei, cumpre sua obrigação e sinaliza a via após a situação de perigo e, outra pessoa, apaga, destrói ou remove a sinalização, conforme acima exposto, incorrerá nas mesmas penas de quem deixar de sinalizar a via, na hipótese do art. 36, *caput,* da LCP.

   7.1. Sujeitos ativo e passivo. Sujeito passivo é a sociedade e o sujeito ativo é qualquer pessoa.

   7.2. Bem jurídico protegido e objeto material. O bem jurídico protegido é a incolumidade pública e o objeto material do crime é o sinal ou obstáculo.

   7.3. Classificação. Tipo doloso, de perigo concreto, infração penal comum, de mera conduta, de forma livre, comissiva, instantânea, unissubjetiva, plurissubsistente.

8. **Tipo penal do parágrafo único, alínea "b". Análise do tipo.** O núcleo *"remover"* significa tirar de um local e levar para outro e se refere a qualquer tipo de sinal de serviço público, que deve ser compreendido como qualquer espécie de sinalização de trânsito colocada ou instalada pelo poder público ou seus prepostos, como placas, faixas, cones. Obviamente que o tipo apenas incidirá se não for meio de execução de tipo mais grave, como por exemplo o furto, em razão do princípio da consunção.

   8.1. Sujeitos ativo e passivo. Sujeito passivo é a sociedade e o sujeito ativo é qualquer pessoa.

8.2. Bem jurídico protegido e objeto material. O bem jurídico protegido é a incolumidade pública e o objeto material do crime é o sinal de serviço público.

8.3. Classificação. Tipo doloso, de perigo concreto, infração penal comum, de mera conduta, de forma livre, comissiva, instantânea, unissubjetiva, plurissubsistente.

Arremesso ou colocação perigosa

Art. 37 – Arremessar ou derramar em via pública, ou em lugar de uso comum, ou do uso alheio, **coisa que possa ofender, sujar ou molestar** alguém:

Pena – multa, de duzentos mil réis a dois contos de réis.

Parágrafo único. Na mesma pena incorre aquele que, sem as devidas cautelas, **coloca ou deixa suspensa coisa que, caindo em via pública ou em lugar de uso comum ou de uso alheio**, possa ofender, sujar ou molestar alguém.

1. **Análise do tipo.** *"Arremessar"* significa atirar, jogar ou lançar um objeto; *"derramar"* significar entornar um líquido. O objeto deve ser lançado ou o líquido derramado na via pública (local de acesso irrestrito das pessoas, como uma praça ou rua), em lugar de uso comum (local cujo acesso está destinado a um grupo de pessoas, como as áreas comuns de um condomínio) ou em lugar de uso alheio (local de uso de terceiro, como a garagem ou quintal do vizinho). Mais do que isso, o arremesso do objeto ou o derramamento do líquido deve ser capaz de ofender, sujar ou molestar alguém. Ao usar a expressão "alguém", o tipo restringe o ataque a uma pessoa, de modo que a ofensa, a sujeira ou a amolação devem ser dirigidos a uma pessoa e não, por exemplo, a um animal. Assim, ofender seria causar lesão à integridade física ou moral de alguém. Sujar seria manchar, emporcalhar alguém. Molestar seria amolar, incomodar, importunar alguém.

2. **Tipo de perigo concreto.** O tipo se contenta com a mera possibilidade de que a lesão, sujeira ou moléstia aconteça, constando expressamente *"**coisa que possa** ofender, sujar ou molestar alguém"*. Assim, a conduta deve necessariamente expor alguém ao risco real e efetivo de se ofender, se sujar ou se molestar.

3. **Conflito aparente de normas. Subsidiariedade e consunção.** Por força da subsidiariedade, se o arremesso da coisa é elementar de outro tipo penal mais grave, aplica-se o mais grave, como o do art. 264 do Código

Penal[33] (arremesso de projétil). Da mesma forma, se o arremesso do objeto ou o derramamento do líquido é meio de execução de infração penal mais grave, responde o agente por esta, em razão do princípio da consunção ou absorção. Por exemplo, o arremesso de uma pedra, tijolo, objeto cortante, ou o derramamento de um ácido, água fervendo ou líquido inflamável configurará lesão corporal, homicídio. Pode ser, inclusive meio de execução de crime contra a honra, quando o objeto arremessado seja ultrajante, infamante ou humilhante para a vítima; ou seja, o dolo do agente, ao arremessar a coisa, é específico no sentido de ultrajar, humilhar, difamar, expor a vítima. Entendemos que o tipo em análise, na modalidade "ofender", não se restringe à ofensa física, mas também à ofensa moral. Assim, **não haverá a hipótese de concurso de crimes.** Considerando a enorme gama de condutas típicas mais graves que podem ser praticadas com o arremesso de coisas ou derramamento de líquidos, o tipo do art. 37 da LCP tem aplicação bastante residual.

4. **Sujeitos ativo e passivo**. Sujeito passivo é a pessoa contra quem foi arremessada ou derramada a coisa e o sujeito ativo é a pessoa que realizou a conduta.

5. **Bem jurídico protegido e objeto material.** O bem jurídico protegido é a incolumidade pública e o objeto material do crime é a coisa arremessada ou o líquido derramado.

6. **Classificação.** Tipo doloso, de perigo concreto (exige-se efetiva probabilidade de dano a terceiros), infração penal comum (não exige uma qualidade especial do sujeito ativo), formal (a consumação independe da ocorrência do resultado naturalístico que, se ocorrer, será mero exaurimento), de forma livre (pois a norma não exige um modo específico para realização do tipo), comissiva (praticada mediante uma ação), instantânea (praticada em momento definido), unissubjetiva (pode ser praticada por uma única pessoa), plurissubsistente (pode ser praticada em mais de um ato).

7. **Referência ao valor da multa.** Na forma do art. 2.º da Lei 7.209/84, que alterou a parte geral do Código Penal, ficaram canceladas na legislação especial quaisquer referências a valores de multas, substituindo-se a

33. Art. 264 – Arremessar projétil contra veículo, em movimento, destinado ao transporte público por terra, por água ou pelo ar:
Pena – detenção, de um a seis meses.
Parágrafo único – Se do fato resulta lesão corporal, a pena é de detenção, de seis meses a dois anos; se resulta morte, a pena é a do art. 121, § 3º, aumentada de um terço.

expressão "multa de" por "multa". Aplica-se a regra do Código Penal quanto à aplicação da pena de multa.

8. **Tipo penal do parágrafo único. Análise do tipo.** Ao contrário do *caput* do artigo, agora se preocupa o legislador com a conduta culposa daquele que *"sem as devidas cautelas"*, ou seja, sem obedecer ao dever objetivo de cuidado, *"coloca ou deixa suspensa coisa que, caindo em via pública ou em lugar de uso comum ou de uso alheio, possa ofender, sujar ou molestar alguém"*. *"Colocar"* é pôr, botar ou acomodar em algum lugar; *"deixar suspensa"* é pendurar, manter elevado em relação ao solo sem apoio. Se a coisa colocada ou deixada suspensa vier a cair em via pública, lugar de uso comum ou de uso alheio, sendo capaz de ofender, sujar ou molestar alguém, incidirá o responsável pela coisa nas penas do *caput* do artigo.

8.1. Sujeitos ativo e passivo. Sujeito passivo é a sociedade e o sujeito ativo é a pessoa que colocou ou deixou suspensa a coisa.

8.2. Bem jurídico protegido e objeto material. O bem jurídico protegido é a incolumidade pública e o objeto material do crime é a coisa colocada ou deixada suspensa e que caiu.

8.3. Classificação. Tipo culposo, de perigo concreto (exige-se efetiva probabilidade de dano a terceiros), infração penal comum (não exige uma qualidade especial do sujeito ativo), formal (a consumação independe da ocorrência do resultado naturalístico que, se ocorrer, será mero exaurimento), de forma livre (pois a norma não exige um modo específico para realização do tipo), comissiva (praticada mediante uma ação), instantânea (praticada em momento definido), unissubjetiva (pode ser praticada por uma única pessoa), plurissubsistente (pode ser praticada em mais de um ato).

Emissão de fumaça, vapor ou gás

Art. 38 – Provocar, abusivamente, **emissão de fumaça**, vapor ou gás, que possa ofender ou molestar alguém:

Pena – multa, de duzentos mil réis a dois contos de réis.

1. **Análise do tipo**. *"Provocar"* significa ser a causa de algo, gerar, criar, causar. *"Abusivamente"* é o que está além do que é legítimo, do que é justo, do que é conveniente, é o exagerado, em excesso. Obviamente que a compreensão do que seria o provocar com abuso passa necessariamente pelas circunstâncias do caso concreto, como o local, o horário,

o número de pessoas expostas à *"emissão de fumaça, vapor ou gás"*. Emissão significa lançar fora de algum lugar, soltar ao ar. Fumaça é o vapor resultante de um objeto em chamas; vapor é qualquer substância convertida à forma gasosa e; gás é o estado da matéria que tem a característica de se expandir ou comprimir, ocupando a totalidade do recipiente que a contém. Além disso, a emissão da fumaça, vapor ou gás deve ser capaz de ofender ou molestar alguém. Ao usar a expressão "alguém", o tipo restringe o ataque a uma pessoa, de modo que a ofensa ou a amolação devem ser dirigidos a uma pessoa e não, por exemplo, a um animal. Assim, ofender é o ato de causar lesão à integridade física ou moral de alguém. Molestar é amolar, incomodar, importunar alguém.

2. **Tipo de perigo concreto.** O tipo se contenta com a mera possibilidade de que a lesão ou amolação aconteça, constando expressamente *"**que possa** ofender ou molestar alguém"*. Assim, a conduta deve necessariamente expor alguém ao risco real e efetivo de se ofender ou se molestar. Ainda que não seja a hipótese de substância tóxica, deve ficar cabalmente demonstrara a exposição de alguém a risco de lesão ou de ser molestada ou importunada.

3. **Conflito aparente de normas. Consunção ou absorção.** Se a emissão da fumaça, vapor ou gás é meio de execução de infração penal mais grave, responde o agente por esta, em razão do princípio da consunção ou absorção. Por exemplo, a emissão de um gás asfixiante poderá configurar o crime homicídio ou ainda o crime do art. 252 do Código Penal[34] (uso de gás tóxico ou asfixiante). Da mesma forma, gerar poluição do ar com o uso de fumaça, gás ou vapor, poderá configurar o tipo do art. 54 da Lei 9.605/98[35], que trata dos crimes ambientais. Assim, **não haverá a hipótese de concurso de crimes.**

4. **Sanções administrativas.** Vale lembrar que pode ocorrer a cumulação das sanções penais e administrativas, conforme o caso. Por exemplo, o Código de Trânsito Brasileiro prevê a multa para quem transitar com o veículo *"produzindo fumaça, gases ou partículas em níveis superiores aos fixados pelo CONTRAN"* (art. 231, III, CTB). Assim, também podem haver normas ambientais municipais, estaduais ou federais que imponham

---

34. Art. 252 – Expor a perigo a vida, a integridade física ou o patrimônio de outrem, usando de gás tóxico ou asfixiante:
Pena – reclusão, de um a quatro anos, e multa.

35. Art. 54. Causar poluição de qualquer natureza em níveis tais que resultem ou possam resultar em danos à saúde humana, ou que provoquem a mortandade de animais ou a destruição significativa da flora:
Pena – reclusão, de um a quatro anos, e multa.

sanção administrativa para a emissão de poluentes no ar. Neste ponto vale mencionar a crítica da doutrina sobre a desnecessidade da contravenção, em homenagem ao princípio da intervenção mínima, na medida em que as sanções administrativas seriam suficientes para o controle do comportamento, não havendo a necessidade de intervenção do sistema penal.

5. **Sujeitos ativo e passivo.** Sujeito passivo é a sociedade e o sujeito ativo é a pessoa que provocou a emissão da fumaça, vapor ou gás.
6. **Bem jurídico protegido e objeto material.** O bem jurídico protegido é a incolumidade pública e o objeto material do crime é a fumaça, vapor ou gás.
7. **Classificação.** Tipo doloso, de perigo concreto (exige-se efetiva probabilidade de dano a terceiros), infração penal comum (não exige uma qualidade especial do sujeito ativo), formal (a consumação independe da ocorrência do resultado naturalístico que, se ocorrer, será mero exaurimento), de forma livre (pois a norma não exige um modo específico para realização do tipo), comissiva (praticada mediante uma ação), instantânea (praticada em momento definido), unissubjetiva (pode ser praticada por uma única pessoa), plurissubsistente (pode ser praticada em mais de um ato).
8. **Referência ao valor da multa.** Na forma do art. 2.º da Lei 7.209/84, que alterou a parte geral do Código Penal, ficaram canceladas na legislação especial quaisquer referências a valores de multas, substituindo-se a expressão "multa de" por "multa". Aplica-se a regra do Código Penal quanto à aplicação da pena de multa.

CAPÍTULO IV
DAS CONTRAVENÇÕES REFERENTES À PAZ PÚBLICA

Associação secreta

Art. 39 – Participar de associação de mais de cinco pessoas, que se reúnam periodicamente, sob compromisso de ocultar à autoridade a existência, objetivo, organização ou administração da associação:

Pena – prisão simples, de um a seis meses, ou multa, de trezentos mil réis a três contos de réis.

§ 1º Na mesma pena incorre o proprietário ou ocupante de prédio que o cede, no todo ou em parte, para reunião de associação que saiba ser de caráter secreto.

§ 2º O juiz pode, tendo em vista as circunstâncias, deixar de aplicar a pena, quando lícito o objeto da associação.

1. **Inconstitucionalidade.** Inicialmente, é preciso recordar que a Lei das Contravenções Penais foi publicada em 03 de outubro de 1941, quando estava vigente no país a ditadura de Getúlio Vargas, período chamado de Estado Novo. Como nos regimes autoritários, havia preocupação com a reunião de pessoas para conspirar contra o governo. Tanto é verdade que o §2.º do tipo em análise permite ao juiz deixar de aplicar a pena quando for lícito o objeto da associação, numa espécie de perdão judicial. Assim se justificaria a introdução do presente dispositivo na LCP. **No entanto, com a promulgação da Constituição da República de 1988, o disposto no art. 39 da LCP não se sustenta, porquanto viola frontalmente os direitos e garantias do cidadão**, prescritos no art. 5.º da CR/88. Especificamente, o inciso XVII do referido artigo é expresso: *"**é plena a liberdade de associação para fins lícitos**, vedada a de caráter paramilitar"*. Note-se que o tipo do art. 39 da LCP não se refere à reunião para fins ilícitos. Assim, se três ou mais pessoas se associam com o objetivo de praticarem crimes, estará configurado o crime de associação criminosa, do art. 288 do CP. Esta é a única hipótese em que o Estado poderá intervir com a força do Direito Penal. Isso porque, o inciso XVIII, do mesmo art. 5.º, permitiu a **criação de associações independentemente de autorização**, sendo vedada a interferência do Estado em seu funcionamento[36]. Mais do que isso, ainda na esfera dos direitos e garantias individuais, as associações não podem ter suas atividades suspensas ou serem dissolvidas compulsoriamente, salvo se por decisão judicial, exigindo-se o trânsito em julgado no segundo caso (inciso XIX)[37]. Nem mesmo poderia o Estado obrigar qualquer pessoa a se associar ou permanecer associado, muito menos poderia dissolver ou interferir nas associações que tenham fins lícitos (inciso XX)[38]. Assim, é flagrante a inconstitucionalidade do art. 39 da LCP.

---

36. Art. 5º Todos são iguais perante a lei, sem distinção de qualquer natureza, garantindo-se aos brasileiros e aos estrangeiros residentes no País a inviolabilidade do direito à vida, à liberdade, à igualdade, à segurança e à propriedade, nos termos seguintes:
XVIII – a criação de associações e, na forma da lei, a de cooperativas independem de autorização, sendo vedada a interferência estatal em seu funcionamento;
37. XIX – as associações só poderão ser compulsoriamente dissolvidas ou ter suas atividades suspensas por decisão judicial, exigindo-se, no primeiro caso, o trânsito em julgado;
38. XX – ninguém poderá ser compelido a associar-se ou a permanecer associado;

Provocação de tumulto e conduta inconveniente

Art. 40 – Provocar **tumulto** ou se portar de **modo inconveniente ou desrespeitoso**, em **solenidade** ou **ato oficial**, em **assembleia** ou **espetáculo** público, se o fato não constitui infração penal mais grave;

Pena – prisão simples, de quinze dias a seis meses, ou multa, de duzentos mil réis a dois contos de réis.

1. **Análise do tipo.** "*Provocar*" significa ser a causa de algo, gerar, criar, causar e o "*Tumulto*" é a desordem, a confusão envolvendo várias pessoas. "*Portar-se*" é o agir de determinada forma, é comportar-se e o "*modo inconveniente ou desrespeitoso*" é o modo impróprio, inadequado, indecente, imoral, indecoroso ou sem a reverência devida. A conduta típica deve ser praticada durante solenidade, ato oficial, assembleia ou espetáculo público. "*Solenidade*" é a cerimônia ou festividade formal, com a presença de público; "*ato oficial*" é o evento organizado pelo Estado; "*assembleia*" é a reunião de pessoas com interesses comuns, com o fim de deliberarem sobre algo; "*espetáculo público*" é a apresentação de qualquer forma de arte que seja aberta ao público.

2. **Subsidiariedade expressa.** Expressamente o tipo em análise consigna que apenas terá aplicação caso a conduta por ele descrita não configure infração penal mais grave. Assim, trata-se de tipo subsidiário em relação a outras infrações penais, as quais podemos citar, como exemplo: crime contra a honra, lesão corporal, tentativa de homicídio, ultraje a culto e impedimento ou perturbação de ato a ele relativo (art. 208, CP), impedimento ou perturbação de cerimônia funerária (art. 209, CP), sem prejuízo de outras que o caso concreto revelar.

3. **Sujeitos ativo e passivo.** Sujeito passivo é a sociedade e o sujeito ativo é a pessoa que provocou o tumulto ou se portou de modo inadequado, não se exigindo nenhuma qualidade especial do agente.

4. **Bem jurídico protegido e objeto material.** O bem jurídico protegido é a paz pública e o objeto material do crime é a solenidade, ato oficial, assembleia ou espetáculo público.

5. **Classificação.** Tipo doloso, infração penal comum (não exige uma qualidade especial do sujeito ativo), material, na modalidade "provocar tumulto" (pois a consumação depende da ocorrência do resultado naturalístico, qual seja, o tumulto) e de mera conduta na modalidade "portar-se de modo inconveniente ou desrespeitoso" (pois a consumação independe da ocorrência do resultado naturalístico que sequer é

descrito no tipo), de forma livre (pois a norma não exige um modo específico para realização do tipo), comissiva (praticada mediante uma ação), instantânea (praticada em momento definido), unissubjetiva (pode ser praticada por uma única pessoa), plurissubsistente (pode ser praticada em mais de um ato).

6. **Referência ao valor da multa.** Na forma do art. 2.º da Lei 7.209/84, que alterou a parte geral do Código Penal, ficaram canceladas na legislação especial quaisquer referências a valores de multas, substituindo-se a expressão "multa de" por "multa". Aplica-se a regra do Código Penal quanto à aplicação da pena de multa.

Falso alarma

Art. 41 – Provocar **alarma**, anunciando **desastre** ou **perigo inexistente**, ou praticar qualquer ato capaz de produzir **pânico ou tumulto**:

Pena – prisão simples, de quinze dias a seis meses, ou multa, de duzentos mil réis a dois contos de réis.

1. **Análise do tipo.** "Provocar" significa dar causa, gerar, produzir. Alarma, no tipo, representa inquietação, sobressalto causado pela ameaça do suposto perigo, manifestação barulhenta e agitada, confusão, gritaria, tumulto. Assim, o agente provoca confusão, agitação, tumulto, anunciando perigo que sabe ser inexistente. Com efeito, a figura típica exige o dolo e, portanto, o agente deve ter a consciência de que o perigo anunciado era inexistente. Se a provocação do alarme ocorre por culpa, a conduta é atípica.

2. **Erro de tipo.** Também será atípica a conduta se o anúncio do perigo decorre de erro do agente quanto à elementar do tipo "*perigo inexistente*". Seria a hipótese em que o agente reputa existente a situação de perigo que, de fato, não estaria ocorrendo, sendo mesmo inexistente. Na forma do art. 20 do CP, se o erro for escusável ou invencível, a conduta será atípica. Se o erro for inescusável ou vencível, responderia por culpa, se esta estivesse prevista em lei, o que não é o caso, mantendo-se, pois, a atipicidade.

3. **Praticar qualquer ato capaz de produzir pânico ou tumulto.** Enquanto que na primeira parte do tipo o legislador exige a ocorrência do alarme (tumulto, agitação, gritaria), pelo anúncio da situação de perigo, na segunda parte, não se exige a situação concreta de pânico ou tumulto, bastando que a conduta do agente seja capaz de produzir a agitação. Em

nosso sentir, a segunda parte do dispositivo legal é exagerada, em frontal ataque ao princípio da lesividade, bem como ao princípio da *ultima ratio*. Com efeito, se o agente pratica uma conduta potencialmente capaz de produzir tumulto ou pânico, mas isso não acontece, não há interesse na intervenção extrema do Direito Penal, sendo a conduta irrelevante.

4. **Abuso do dever de informação por parte da imprensa.** Antes de o STF reconhecer a não recepção da Lei de Imprensa pela Constituição da República de 1988, no julgamento da ADPF 130, eventualmente, caso a situação de tumulto ou pânico tivesse sido gerada pelos meios de comunicação, o responsável pela informação estaria submetido às disposições do art. 16, I da Lei de Imprensa (Lei 5.250/67). Tal dispositivo era especial em relação à norma do art. 41 da LCP e, portanto, prevaleceria. Convém registrar que, diferentemente da contravenção penal em análise, a Lei de Imprensa previu a modalidade culposa da conduta, como se vê expressamente no parágrafo único do referido dispositivo. Aliás, os Ministros Joaquim Barbosa e Ellen Gracie votaram pela recepção constitucional do art. 16, I da Lei de Imprensa. No entanto, prevaleceu o voto da maioria que julgou pela completa não recepção da Lei de Imprensa pela atual Carta Constitucional.

5. **Sujeitos ativo e passivo**. Sujeito passivo é a sociedade e o sujeito ativo é a pessoa que provocou o tumulto, não se exigindo nenhuma qualidade especial do agente.

6. **Bem jurídico protegido e objeto material.** O bem jurídico protegido é a paz pública e o objeto material do crime é o tumulto gerado.

7. **Classificação.** Tipo doloso, infração penal comum (não exige uma qualidade especial do sujeito ativo), material, na modalidade "provocar alarma" (pois a consumação depende da ocorrência do resultado naturalístico, qual seja, o tumulto, a gritaria) e formal na modalidade "praticar qualquer ato capaz de" (pois a consumação independe da ocorrência do resultado naturalístico que sequer é descrito no tipo e, se ocorrer, trata-se de mero exaurimento), de forma livre (pois a norma não exige um modo específico para realização do tipo), comissiva (praticada mediante uma ação), instantânea (praticada em momento definido), unissubjetiva (pode ser praticada por uma única pessoa), plurissubsistente (pode ser praticada em mais de um ato).

8. **Referência ao valor da multa.** Na forma do art. 2.º da Lei 7.209/84, que alterou a parte geral do Código Penal, ficaram canceladas na legislação especial quaisquer referências a valores de multas, substituindo-se a expressão "multa de" por "multa". Aplica-se a regra do Código Penal quanto à aplicação da pena de multa.

Perturbação do trabalho ou sossego alheios

Art. 42 – Perturbar alguém o **trabalho** ou o **sossego** alheios:

I – com **gritaria** ou **algazarra**;

II – exercendo **profissão incômoda** ou **ruidosa**, em desacordo com as prescrições legais;

III – abusando de **instrumentos sonoros** ou sinais acústicos;

IV – provocando ou **não procurando impedir** barulho produzido por **animal de que tem a guarda**:

Pena – prisão simples, de quinze dias a três meses, ou multa, de duzentos mil réis a dois contos de réis.

1. **Análise do tipo.** *"Perturbar"* significa atrapalhar, importunar, abalar, incomodar. Tal perturbação deve ser do trabalho ou sossego alheios, ou seja, deve o agente atrapalhar o exercício de uma atividade profissional, qualquer que seja, ou atrapalhar o descanso, a paz ou a tranquilidade de terceiros. A expressão "alguém", contida no tipo, se refere ao autor do fato, sendo, obviamente, desnecessária[39] e sua inclusão na descrição do tipo revela falta de técnica do legislador.

2. **Perturbação coletiva.** Doutrina e jurisprudência estão alinhadas no sentido de que na presente contravenção, que tem como bem jurídico tutelado a paz pública, a perturbação deve ser do sossego coletivo e não de uma única pessoa. Com efeito, para que ocorra a tipicidade da conduta não basta que uma pessoa seja importunada, sendo necessário que a conduta do agente perturbe à coletividade. Neste sentido decidiu o STF no HC 85032 (informativo 388) e reafirmou mais recentemente no HC 108455, citados abaixo.

► **STF**

Informativo 388 – Por ausência de justa causa, a Turma concedeu habeas corpus para trancar ação penal proposta contra acusado pela suposta prática da contravenção de perturbação do sossego alheio (Lei das Contravenções Penais, art. 42), cujo tumulto decorreria de barulho provocado pelos cinco filhos do paciente, menores de dez anos, consistente na correria e no arremesso de objetos ao chão no

39. "Alguém" é o ser vivo nascido de mulher. Ou seja, apenas o ser humano pode ser alguém. Evidentemente, como apenas o ser humano pode ser sujeito ativo de crimes, salvo nos casos expressos em que a lei viabilizou a prática de crime pela pessoa jurídica, é despiciendo o uso da expressão pelo legislador no tipo do art. 42 da LCP.

apartamento onde residem. **Entendeu-se que os ruídos tidos por praticados na residência do paciente não teriam o condão de macular a paz social, bem jurídico tutelado pelo Direito Penal, uma vez que, conforme relatado na denúncia, os fatos descritos atingiriam apenas o morador do apartamento do andar inferior.** O Min. Gilmar Mendes, relator, ressaltou em seu voto que, na espécie, restaria evidente certa sobrecarga ao processo penal e certa incapacidade da sociedade de solver esses tipos de conflito em outras esferas, que não a exclusivamente penal. HC 85032/RJ, rel. Min. Gilmar Mendes, 17.5.2005. (HC-85032)

Penal. Habeas corpus substitutivo de recurso ordinário. Perturbação do trabalho ou o sossego alheios – art. 42, do DL 3.688/41 (LCP). Atipicidade da conduta. Reexame de fatos e provas. Inviabilidade em sede de habeas corpus. 1. [...] 2. In casu, o paciente foi denunciado como incurso no art. 42, inc. I, do Decreto-Lei nº 3.688/41 (LCP), e, alfim, condenado a 3 (três) meses de prisão simples, porquanto, **no afã de agredir determinada servidora de um posto de saúde, adentrou o recinto e, com gritaria e algazarra, perturbou a todos que ali se encontravam, por isso que não há como prosperar a tese da atipicidade por inadequação do fato à norma, ancorada na afirmação de que apenas uma pessoa foi perturbada, e não a coletividade, como exige o tipo penal.** 3. Destarte, independentemente do reexame de fatos e provas, vedado em sede de habeas corpus, ressai óbvio que o paciente, ao adentrar órgão público, perseguindo, aos gritos, determinada funcionária, perturbou a todos que ali se encontravam, resultando daí a adequação do fato à norma incriminadora. 4. Como o presente writ foi impetrado anteriormente à mudança de entendimento firmada no âmbito desta Turma, no sentido de inadmiti-lo como substitutivo do recurso ordinário, o caso é de denegação da ordem, e não de extinção do processo. 5. Ordem denegada. (HC 108455, Relator(a): Min. LUIZ FUX, Primeira Turma, julgado em 10/09/2013, PROCESSO ELETRÔNICO DJe-187 DIVULG 23-09-2013 PUBLIC 24-09-2013)

Aplicação em concurso público:

- ***(MPE-PR – Promotor de Justiça – MPE – PR/2014)***

Sobre as previsões típicas penais do Decreto-Lei nº 3.668/41, é incorreto afirmar que:

B) A distinção entre as contravenções de perturbação do sossego alheio (art. 42) e perturbação da tranquilidade (art. 65), reside no fato de que a realização da contravenção do art. 42 perturba o sossego de um número determinado de pessoas e a do art. 65, a tranquilidade de pessoas indeterminadas;

A alternativa "b" está incorreta.

3. **Perturbação de uma única pessoa.** Quando a perturbação da tranquilidade for de uma única pessoa, ou seja, quando a conduta do agente se dirigir a pessoa determinada, o fato se adequará tipicamente ao disposto no art. 65 da LCP.

4. **Tipo de forma vinculada.** Como se observa no tipo penal em análise, o legislador optou por descrever o meio pelo qual o agente poderá perturbar o trabalho ou sossego alheios, de modo que para a tipicidade da conduta o agente deverá agir de uma das formas descritas nos incisos I a IV do art. 42 da LCP. Assim, a) deve promover gritaria (sequência de gritos) ou algazarra (barulheira, ruído confuso e tumultuoso de muitas vozes ou objetos simultâneos); b) deve exercer profissão incômoda ou ruidosa (ou seja, atividade profissional que, por sua natureza, incomoda os vizinhos ou é barulhenta), em desacordo com as prescrições legais (elemento normativo do tipo – norma penal em branco, sendo necessário identificar as normas federais, estaduais e municipais que regem a atividade, porquanto apenas o exercício da profissão em desacordo com tais normas é capaz de gerar a tipicidade da conduta); c) deve abusar (exceder ou extrapolar) no uso de instrumentos sonoros (instrumentos musicais ou que emitam qualquer espécie de som) ou sinais acústicos (sinais sonoros oriundos de aparelhos eletrônicos, como som ou TV) e; d) deve provocar (dar causa) ou não procurar impedir (não buscar evitar) barulho produzido por animal de que tem a guarda (latidos, miados, cantos etc.).

5. **Sujeitos ativo e passivo**. Sujeito passivo é a sociedade e o sujeito ativo é a pessoa que perturbou o sossego ou trabalho, não se exigindo nenhuma qualidade especial do agente.

6. **Bem jurídico protegido e objeto material.** O bem jurídico protegido é a paz pública e o objeto material do crime é o trabalho ou sossego alheios.

7. **Classificação.** Tipo doloso, infração penal comum (não exige uma qualidade especial do sujeito ativo), material (pois a consumação depende da ocorrência do resultado naturalístico, qual seja, a perturbação do trabalho ou sossego alheios), de forma vinculada (pois a norma exige modo específico para realização do tipo), comissiva, como regra (praticada mediante uma ação) e excepcionalmente omissiva (praticada pela inação do agente) quando não procurar impedir barulho produzido por animal de que tem a guarda, instantânea (praticada em momento definido), unissubjetiva (pode ser praticada por uma única pessoa), plurissubsistente (pode ser praticada em mais de um ato).

8. **Referência ao valor da multa.** Na forma do art. 2.º da Lei 7209/84, que alterou a parte geral do Código Penal, ficaram canceladas na legislação especial quaisquer referências a valores de multas, substituindo-se a expressão "multa de" por "multa". Aplica-se a regra do Código Penal quanto à aplicação da pena de multa.

CAPÍTULO V
DAS CONTRAVENÇÕES REFERENTES À FÉ PÚBLICA

Recusa de moeda de curso legal

Art. 43 – Recusar-se a receber, pelo seu valor, **moeda de curso legal** no país:

Pena – multa, de duzentos mil réis a dois contos de réis.

1. **Núcleo do tipo.** *"Recursar-se a receber"* significa negar-se a aceitar, opor-se ao recebimento.
2. **Elemento normativo.** *"**Moeda com curso legal no país**"*. A moeda com curso legal no país é a moeda oficialmente adotada pelo Estado Brasileiro. Tal opção encontra-se em Lei e, no caso do Real, trata-se da Lei 9.069/95[40]. Assim, a recusa em receber pagamento em Real ou o recebimento da mesma por valor inferior do que consta estampado em sua face, configura o tipo do art. 43 da LCP.
3. **Sujeitos ativo e passivo**. Sujeito passivo é o Estado e o sujeito ativo é a pessoa que se recusou a receber a moeda, não se exigindo nenhuma qualidade especial do agente.
4. **Bem jurídico protegido e objeto material.** O bem jurídico protegido é a economia nacional e o objeto material do crime é a moeda recusada.
5. **Classificação.** Tipo doloso, infração penal comum (não exige uma qualidade especial do sujeito ativo), mera conduta (pois a consumação não depende da ocorrência de resultado naturalístico, que sequer encontra-se descrito na norma), de forma livre (pois a norma não exige modo específico para realização do tipo), comissiva (praticada mediante uma ação), instantânea (praticada em momento definido), unissubjetiva (pode ser praticada por uma única pessoa), unissubsistente (praticada em um único ato).

---

40. Art. 1º A partir de 1º de julho de 1994, a unidade do Sistema Monetário Nacional passa a ser o REAL (Art. 2º da Lei nº 8.880, de 27 de maio de 1994), que terá curso legal em todo o território nacional.

6. **Referência ao valor da multa.** Na forma do art. 2.º da Lei 7209/84, que alterou a parte geral do Código Penal, ficaram canceladas na legislação especial quaisquer referências a valores de multas, substituindo-se a expressão "multa de" por "multa". Aplica-se a regra do Código Penal quanto à aplicação da pena de multa.

Imitação de moeda para propaganda

Art. 44 - Usar, como propaganda, de **impresso** ou **objeto** que **pessoa inexperiente** ou **rústica** possa **confundir com moeda**:

Pena - multa, de duzentos mil réis a dois contos de réis.

1. **Análise do tipo.** *"Usar"* significa utilizar, empregar, servir-se, lançar mão dê. Impresso é o papel em que se imprimiu algo, papel que tem algo estampado em sua face. Objeto é qualquer coisa perceptível pelo tato. Assim, a conduta típica se refere à utilização pelo agente de papel que se possa confundir com cédulas de papel-moeda ou objeto que se possa confundir com a peça de metal cunhada pelo Estado para representar um valor monetário (moedas). Mas não basta isso. É preciso que o agente se utilize de tal material como propaganda; ou seja, que se utilize com o objetivo de difundir ou divulgar mensagem ou anúncio, publicitário, informativo, persuasivo ou comercial. Mais do que isso, é necessário que o papel impresso ou objeto tenham de tal modo semelhança com a real moeda que possa induzir a erro quem seja inexperiente (como uma criança ou adolescente) ou rústica, de baixa instrução, conhecimento e cultura. Obviamente, se a imitação é grosseira, não há que se falar no preenchimento do tipo. Note-se que o tipo penal pune quem se utiliza do impresso ou objeto como propaganda, não fazendo referência a quem os fabricou ou produziu, sendo portanto atípica a conduta, salvo se adequar-se tipicamente ao art. 289 do Código Penal, que trata do crime de Moeda Falsa.

2. **Moeda.** Note-se que no presente tipo penal não se faz referência à moeda com curso legal, ou seja, à moeda oficialmente adotada pelo Brasil. Assim, qualquer moeda, mesmo a estrangeira, pode ser objeto material da contravenção.

3. **Sujeitos ativo e passivo**. Sujeito passivo é o Estado e o sujeito ativo é a pessoa que se utilizou da moeda, não se exigindo nenhuma qualidade especial do agente.

4. **Bem jurídico protegido e objeto material.** O bem jurídico protegido é a fé pública e o objeto material do crime é a moeda imitada.
5. **Classificação.** Tipo doloso, infração penal comum (não exige uma qualidade especial do sujeito ativo), formal (pois a consumação não depende da ocorrência de resultado naturalístico, que seria a confusão da pessoa inexperiente ou rústica), de forma livre (pois a norma não exige modo específico para realização do tipo), comissiva (praticada mediante uma ação), instantânea (praticada em momento definido), unissubjetiva (pode ser praticada por uma única pessoa), plurissubsistente (pode ser praticada em mais de um ato).
6. **Referência ao valor da multa.** Na forma do art. 2.º da Lei 7.209/84, que alterou a parte geral do Código Penal, ficaram canceladas na legislação especial quaisquer referências a valores de multas, substituindo-se a expressão "multa de" por "multa". Aplica-se a regra do Código Penal quanto à aplicação da pena de multa.

Simulação da qualidade de funcionário

Art. 45 – Fingir-se funcionário público:

Pena – prisão simples, de um a três meses, ou multa, de quinhentos mil réis a três contos de réis.

1. **Análise do tipo.** *"Fingir-se"* significa simular algo ou alguma condição. A expressão "funcionário público" não deixa de ser um elemento normativo do tipo, caracterizando a norma penal em branco. O conceito de funcionário público para fins penais está no art. 387 do CP, segundo o qual considera-se funcionário público, para os efeitos penais, quem, embora transitoriamente ou sem remuneração, exerce cargo, emprego ou função pública, se equiparando ainda ao funcionário público aquele que exerce cargo, emprego ou função em entidade paraestatal, e quem trabalha para empresa prestadora de serviço contratada ou conveniada para a execução de atividade típica da Administração Pública.

Aplicação em concurso público:

- ***(Agente de polícia – PC-AP/2017)***

  Constituem contravenções penais previstas no Decreto-Lei n° 3.688/1941:

  IV. Fingir-se funcionário público.

  O item "IV" está correto.

2. **Conflito aparente de normas. Princípio da Especialidade.** Na presente contravenção, basta que o agente finja ter a condição de funcionário público, não se exigindo que o autor da contravenção efetivamente exerça a atividade pública. Assim, se o agente, fingindo a condição de funcionário, passa a efetivamente a exercer a atividade, a hipótese é de incidência do art. 328 do Código Penal que trata da usurpação de função pública[41]. Com efeito, a norma especial deve prevalecer sobre a norma geral, porquanto o tipo penal especial (art. 328, CP) possui todas as elementares de outro tipo penal (fingir ser funcionário público – art. 45, LCP), mas acrescido de algum elemento especializante (exercer a atividade). O mesmo pode-se dizer em relação ao crime de exercício funcional ilegalmente antecipado ou prolongado, previsto no art. 324 do CP[42]. Se o agente entra em exercício na função pública sem a condição para tanto ou nela permanece quando não mais autorizado, não há que se falar em aplicação da contravenção em análise, mas sim, da norma especial do art. 324 do CP.

▶ **STJ**

CONFLITO NEGATIVO DE COMPETÊNCIA. ART. 308 DO CÓDIGO PENAL. NÃO OCORRÊNCIA. ART. 45 DA LCP. FINGIR SER FUNCIONÁRIO PÚBLICO. SÚMULA 38/STJ E ART. 109, INCISO IV, DA CF. EXCLUSÃO DA COMPETÊNCIA DA JUSTIÇA FEDERAL PARA PROCESSAR E JULGAR AS CONTRAVENÇÕES PENAIS. PELA COMPETÊNCIA DO JUÍZO SUSCITADO. 1. **O tipo penal inscrito no art. 328 do Código Penal exige que o agente, de forma ilegítima, execute ato relativo à função pública na qual não está legalmente investido, não bastando, apenas, que o agente atribua a si a qualidade de funcionário público, o que caracteriza o delito descrito no art. 45 da Lei de Contravenções Penais, que se amolda ao caso dos autos.** 2. À hipótese aplica-se o seguinte enunciado desta Corte Superior de Justiça: "Súmula 38. Compete à Justiça Estadual Comum, na vigência da Constituição de 1988, o processo por contravenção penal, ainda que praticado em detrimento de bens, serviços ou interesses da União ou de suas entidades." 3. Conflito conhecido para declarar competente o Juízo de Direito da 2ª Vara Judicial de Arujá – SP, o suscitado. (CC 122.366/SP, Rel. Ministra ALDERITA RAMOS DE OLIVEIRA (DESEMBARGADORA CONVOCADA DO TJ/PE), TERCEIRA SEÇÃO, julgado em 10/10/2012, DJe 17/10/2012)

---

41. Art. 328 – Usurpar o exercício de função pública: Pena – detenção, de três meses a dois anos, e multa.
Parágrafo único – Se do fato o agente aufere vantagem: Pena – reclusão, de dois a cinco anos, e multa.

42. Art. 324 – Entrar no exercício de função pública antes de satisfeitas as exigências legais, ou continuar a exercê-la, sem autorização, depois de saber oficialmente que foi exonerado, removido, substituído ou suspenso: Pena – detenção, de quinze dias a um mês, ou multa.

Aplicação em concurso público:

- ***(Funiversa – Agente de Segurança Prisional – SAPEJUS – GO/2015)***

  Belarmindo, particular, falsamente intitula-se perante terceiros como funcionário público. Considerando esse caso hipotético, Belarmindo responderá

  A) pelo crime de exercício funcional ilegalmente antecipado ou prolongado.

  B) pelo crime de usurpação de função pública.

  C) por contravenção penal.

  D) somente na área cível.

  E) pelo crime de prevaricação.

  A alternativa "c" está correta.

3. **Conflito aparente de normas. Consunção ou absorção.** Se o agente se utiliza do artifício de fingir-se funcionário público como meio de execução de delito mais grave, a presente contravenção será absorvida, como por exemplo, na hipótese da prática de um estelionato, em que o agente usa da condição falsa de funcionário público para induzir terceiro a erro e auferir vantagem.

4. **Sujeitos ativo e passivo**. Sujeito passivo é o Estado e o sujeito ativo é a pessoa que finge ser funcionário público, não se exigindo nenhuma qualidade especial do agente.

5. **Bem jurídico protegido e objeto material.** O bem jurídico protegido é a fé pública e o objeto material do crime é o cargo ou função.

6. **Classificação.** Tipo doloso, infração penal comum (não exige uma qualidade especial do sujeito ativo), mera conduta (pois a consumação não depende da ocorrência de resultado naturalístico, que sequer está descrito na norma), de forma livre (pois a norma não exige modo específico para realização do tipo), comissiva (praticada mediante uma ação), instantânea (praticada em momento definido), unissubjetiva (pode ser praticada por uma única pessoa), unissubsistente (praticada em um único ato).

7. **Competência para julgamento.** Considerando que o STJ já enfrentou em mais de uma oportunidade a questão envolvendo o conflito de competência entre a justiça estadual e a justiça federal quando o agente se atribui a condição de funcionário público federal, convém relembrar que a súmula 38 do próprio STJ não deixa dúvida quanto à competência da justiça estadual e assim tem reafirmado a jurisprudência do STJ.

▶ **STJ**

CONSTITUCIONAL. PENAL. CONFLITO DE COMPETENCIA. INQUERITO. CONTRAVENÇÕES PENAIS (ARTS. 45 E 46 DA LCP). SIMULAÇÃO DA QUALIDADE DE FUNCIONARIO PUBLICO. APOSIÇÃO INDEVIDA DO BRASÃO DA REPUBLICA EM IDENTIFICAÇÃO FUNCIONAL EMITIDA POR ASSOCIAÇÃO CIVIL. APLICAÇÃO DA SUMULA N. 38/STJ. CONFLITO CONHECIDO EM FAVOR DO JUIZO DE DIREITO SUSCITANTE. (CC 10.871/BA, Rel. Ministro ADHEMAR MACIEL, TERCEIRA SEÇÃO, julgado em 13/03/1996, DJ 22/04/1996, p. 12516).

CONFLITO DE COMPETÊNCIA Nº 40.984 – RJ (2003/0222210-9) RELATOR: MINISTRO JOSÉ ARNALDO DA FONSECA. AUTOR: JUSTIÇA PÚBLICA. RÉU: CARLOS ROBERTO TEIXEIRA DE CARVALHO. ADVOGADO : LUÍS CESARIO DE MIRANDA MARQUES. SUSCITANTE: JUÍZO FEDERAL DA 2A VARA CRIMINAL DA SEÇÃO JUDICIÁRIA DO ESTADO DO RIO DE JANEIRO. SUSCITADO: JUÍZO DE DIREITO DO IX JUIZADO ESPECIAL CRIMINAL DO RIO DE JANEIRIO – RJ. DECISÃO. Divergem os juízos federal e estadual acerca da competência para processar e julgar a prática de possível delito capitulado no art. 45 da Lei das Contravenções Penais (fls. 02 e segs.). Reconhecendo a existência de interesse da União no feito, pois a atuação da vítima foi relacionada com a sua atividade de oficial de justiça da Justiça Federal, o IX Juizado Especial Criminal do Estado do Rio de Janeiro declinou de sua competência (fl. 245). Recebendo os autos, o juízo federal, acolhendo manifestação ministerial, suscitou o presente conflito, aduzindo que os fatos noticiados não seriam do âmbito da justiça federal e que a Lei nº 10.259/01 não teria alterado o leque de infrações penais da competência federal (fl. 268). O Ministério Público Federal opinou pela competência do juízo estadual, nos termos da Súmula 38/STJ (fls. 278 e segs.). Assim exposto, DECIDO: **Razão assiste ao juízo suscitante. Conforme salientado, discute-se nos autos a possível infração ao art. 45 da Lei das Contravenções Penais, que dispõe sobre "fingir-se funcionário público". À hipótese se aplica o seguinte enunciado desta Corte de Justiça, conforme asseverado pelo il. representante do Parquet: "Súmula 38. Compete à Justiça Estadual Comum, na vigência da Constituição de 1988, o processo por contravenção penal, ainda que praticado em detrimento de bens, serviços ou interesses da União ou de suas entidades."** Cabe ainda salientar que a Lei 10259/01 dispõe sobre a competência do Juizado Especial no âmbito da Justiça Federal quando se falar sobre crimes, senão, vejamos:"Art. 2º Compete ao Juizado Especial Federal Criminal processar e julgar os feitos de competência da Justiça Federal relativos às infrações de menor potencial ofensivo. Parágrafo único. Consideram-se infrações de menor potencial ofensivo, para os efeitos desta Lei, os crimes a que a lei comine pena máxima não superior a dois anos, ou multa." Superada, pois, a divergência que animava o conflito, dele conheço e, nos moldes do art. 120, parágrafo único do CPC, declaro a competência do Juízo de Direito do IX Juizado Especial Criminal do Rio de Janeiro, o suscitado. Oficie-se aos juízos suscitante e suscitado. Publique-se. Brasília (DF), 12 de maio de 2004. MINISTRO JOSÉ ARNALDO DA FONSECA Relator (Ministro JOSÉ ARNALDO DA FONSECA, 24/05/2004).

8. **Referência ao valor da multa.** Na forma do art. 2.º da Lei 7.209/84, que alterou a parte geral do Código Penal, ficaram canceladas na legislação especial quaisquer referências a valores de multas, substituindo-se a expressão "multa de" por "multa". Aplica-se a regra do Código Penal quanto à aplicação da pena de multa.

Uso ilegítimo de uniforme ou distintivo

Art. 46 – Usar, publicamente, de **uniforme ou distintivo** de **função pública** que **não exerce**; usar, indevidamente, de sinal, distintivo ou denominação cujo **emprego seja regulado por lei.**

Pena – multa, de duzentos a dois mil cruzeiros, se o fato não constitui infração penal mais grave.

1. **Análise do tipo.** "*Usar*" significa utilizar, empregar, servir-se. Na primeira parte da descrição típica, trata-se do uso de uniforme ou distintivo de função pública que não se exerce. Uniforme é a farda ou vestuário oficial de determinado grupo de funcionários públicos. Distintivo é qualquer coisa que se use sobre a roupa, boné ou quepe, com desenhos e/ou inscrições que identificam a profissão, o cargo, a patente, o local de trabalho ou de estudo do usuário (pode ser um bóton, uma plaqueta metálica, um escudo, bordadura ou pedaço de tecido). O tipo exige que o uso se dê em público, de modo que resta afastada a tipicidade quando, por exemplo, a pessoa utiliza de uniforme ou distintivo em local privado, como uma festa à fantasia. Na segunda parte do tipo, cuida o legislador do uso indevido de sinal, distintivo ou denominação, cujo emprego seja regulado por lei. Sinal é um símbolo ou representação gráfica. Denominação é o nome de algo. Note-se que o sinal, distintivo ou denominação deve ter sua utilização regulada por lei e, portanto, se há autorização legal para o uso, não há que se falar em uso indevido. Preocupa-se o legislador com a utilização fora das hipóteses de regulação legal.

2. **Dolo.** Sobre o dolo, a lei não exige nenhum especial fim de agir, de modo que basta a vontade livre e consciente de usar o uniforme, distintivo, sinal ou denominação. No entanto, há quem defenda que se a utilização

se deu com o desejo de fazer uma brincadeira, com mero *animus jocandi,* afastada está a tipicidade.

3. **Tipo subsidiário.** Expressamente, o preceito secundário do tipo penal garante que o mesmo é subsidiário em relação à infração penal mais grave, de modo que, por exemplo, se a utilização do uniforme, sinal, distintivo ou denominação servir para configurar a usurpação de função pública (art. 328, CP) ou o exercício funcional ilegalmente antecipado ou prolongado (art. 324, CP), prevalecerão as infrações penais mais graves em detrimento da presente contravenção.

4. **Uso de uniforme ou distintivo militar.** Seja pelo princípio da subsidiariedade, seja pela especialidade, no caso de o agente fazer uso de uniforme ou distintivo militar, restará configurado o tipo do art. 172 do Código Penal Militar que trata do uso indevido de uniforme, distintivo ou insígnia militar por qualquer pessoa[43]. Assim, afasta-se a ocorrência da contravenção do art. 46 da LCP, prevalecendo a norma do Código Penal Militar. Neste caso, vale ainda observar que a Justiça Militar da União tem competência para julgar os crimes militares definidos em lei (art. 124, CR/88), não havendo qualquer restrição quanto à figura do acusado. Assim, praticado o crime do art. 172 do CPM quanto ao uniforme de militares da União, competente será a Justiça Militar da União para julgar o civil. Por outro lado, a competência da Justiça Militar dos Estados está restrita ao julgamento de militares (art. 125, §4.º, CR/88) e, por isso, se um civil usa uniforme de um militar estadual, deverá ser processado e julgado pela Justiça Comum Estadual, conforme, inclusive, sumulado pelo STJ. Por fim, vale ressaltar que se o uso da farda for meio de execução de outro crime como, por exemplo, o estelionato, o crime do art. 172 do CPM (crime meio) estará absorvido pelo crime fim, no caso, o estelionato.

► **STJ**

> **Súmula 53:** Compete a Justiça Comum Estadual processar e julgar civil acusado de prática de crime contra instituições militares estaduais.
>
> COMPETÊNCIA. USO. FARDA MILITAR. ESTELIONATO. O réu fez uso de farda militar para se fazer passar por oficial do Exército Brasileiro e, assim, ludibriar um civil, enquanto lhe oferecia a oportunidade de ingressar nas Forças Armadas mediante pagamento de dinheiro. Vê-se, então, que o uso indevido do uniforme militar (art. 172 do CPM)

---

43. Art. 172. Usar, indevidamente, uniforme, distintivo ou insígnia militar a que não tenha direito:
Pena – detenção, até seis meses.

foi meio necessário para a prática do estelionato (art. 171 c/c art. 14, II, ambos do CP). Daí ser forçoso reconhecer a absorção daquele delito por esse último, em observância do princípio da consunção, **a determinar a fixação da competência para o processamento e julgamento do réu no juízo comum estadual e o trancamento da ação penal instaurada no juízo castrense.** CC 92.547-RS, Rel. Min. Napoleão Nunes Maia Filho, julgado em 8/10/2008.

Aplicação em concurso público:

- ***(MPE-PR – Promotor de Justiça – MPE – PR/2014)***

  Sobre as previsões típicas penais do Decreto-Lei nº 3.668/41, é incorreto afirmar que:

  C) A contravenção do uso ilegítimo de uniforme ou distintivo consuma-se no momento em que o sujeito veste o fardamento, total ou parcialmente e aparece em público, ou utiliza o distintivo ou denominação, salvo se o uniforme ou distintivo for militar, oportunidade em que se aplicará ao caso dispositivo do Código Penal Militar;

  A assertiva está "c" está correta, pois trata-se de infração penal de mera conduta e será aplicado o Código Penal Militar (art. 172).

- ***(CESPE – Promotor de Justiça- MPE-RR/2008)***

  Álvaro foi parado em uma blitz promovida pela Polícia Rodoviária Federal, tendo sido apurado que vestia uniforme militar, contendo as insígnias de tenente. Ao lhe ser solicitada a apresentação de documento, apresentou documento de identidade militar. Os policiais rodoviários entraram em contato com a Polícia Militar e apuraram que Álvaro não pertencia à corporação. Foi, então, realizado o levantamento dos antecedentes criminais de Álvaro, constatando-se a existência de diversos inquéritos policiais em andamento pela prática do crime de estelionato. Nessa situação, Álvaro praticou contravenção penal de uso indevido de uniforme ou distintivo, em concurso material com o crime de uso de documento falso, sendo este último de competência da justiça militar.

  A assertiva está ERRADA, pois a conduta se adéqua tipicamente ao art. 172 do CPM e, além disso, a competência para julgamento do uso de documento falso é da justiça comum. Vale lembrar da Súmula 546/STJ: A competência para processar e julgar o crime de uso de documento falso é firmada em razão da entidade ou órgão ao qual foi apresentado o documento público, não importando a qualificação do órgão expedidor.

5. **Sujeitos ativo e passivo**. Sujeito passivo é o Estado e o sujeito ativo é a pessoa que finge se utiliza do uniforme ou distintivo ou usa, indevidamente, o sinal, o distintivo ou a denominação. Não se exige nenhuma qualidade especial do agente.

6. **Bem jurídico protegido e objeto material.** O bem jurídico protegido é a fé pública e o objeto material do crime é o uniforme, o distintivo, o sinal ou a denominação.

7. **Classificação.** Tipo doloso, infração penal comum (não exige uma qualidade especial do sujeito ativo), mera conduta (pois a consumação não depende da ocorrência de resultado naturalístico, que sequer está descrito na norma), de forma livre (pois a norma não exige modo específico para realização do tipo), comissiva (praticada mediante uma ação), instantânea (praticada em momento definido), unissubjetiva (pode ser praticada por uma única pessoa), unissubsistente (praticada em um único ato).

Aplicação em concurso público:

- ***(Cespe – Polícia Rodoviária Federal – DPRF/2013)***

  A respeito das contravenções penais, julgue o item subsequente.

  – Considere que determinado cidadão esteja usando publicamente uniforme de PRF, função pública que ele não exerce. Nessa situação, para que esse cidadão responda por contravenção penal, é necessário que sua conduta cause efetivo prejuízo para o Estado ou para outra pessoa.

  A assertiva está ERRADA, pois trata-se de infração penal de mera conduta.

8. **Referência ao valor da multa.** Na forma do art. 2.º da Lei 7209/84, que alterou a parte geral do Código Penal, ficaram canceladas na legislação especial quaisquer referências a valores de multas, substituindo-se a expressão "multa de" por "multa". Aplica-se a regra do Código Penal quanto à aplicação da pena de multa.

CAPÍTULO VI
DAS CONTRAVENÇÕES RELATIVAS À ORGANIZAÇÃO DO TRABALHO

Exercício ilegal de profissão ou atividade

Art. 47 – Exercer **profissão ou atividade econômica** ou anunciar que a exerce, **sem** preencher as **condições** a que por **lei** está subordinado o seu exercício:

Pena – prisão simples, de quinze dias a três meses, ou multa, de quinhentos mil réis a cinco contos de réis.

1. **Núcleo do tipo.** Na primeira parte do tipo penal, *"exercer"* significa exercitar, realizar, praticar os atos próprios de uma profissão arte ou

ofício. Portanto, o tipo exige o exercício concreto dos atos. Na segunda parte da descrição típica, contenta-se com o "*anunciar que exerce*", o que significa que não é necessária a efetiva realização dos atos, bastando anunciar-se como capaz e autorizado a fazê-lo. Anunciar, no presente tipo, significa promover o conhecimento ou a divulgação de algo, dar publicidade de, noticiar, divulgar. Vale ressaltar que o tipo penal em análise não faz referência ao fato de o agente buscar auferir lucro ou proveito econômico com a atividade exercida. Não consta do tipo este especial fim de agir, bastando o dolo de realizar a conduta.

Aplicação em concurso público:

- ***(Delegado de Polícia – GO/2018)***

  Nos termos do Decreto-Lei n. 3.688/1941, tipifica-se como contravenção relativa à organização do trabalho a seguinte conduta:

  A) recusar-se a receber, pelo seu valor, moeda de curso legal no país.

  B) exercer profissão ou atividade econômica, ou anunciar que a exerce, sem preencher as condições a que por lei está subordinado o seu exercício.

  C) provocar, abusivamente, emissão de fumaça, vapor ou gás, que possa ofender ou molestar alguém.

  D) perturbar alguém o trabalho ou o sossego alheios, exercendo profissão incômoda ou ruidosa, em desacordo com as prescrições legais.

  E) entregar-se alguém habitualmente à ociosidade, sendo válido para o trabalho, sem ter renda que lhe assegure meios bastantes de subsistência, ou prover à própria subsistência mediante ocupação ilícita.

  A resposta da questão é a alternativa "b". A alternativa "a" está dentre as contravenções referentes à fé pública; a "c" está dentre as contravenções referentes à incolumidade pública; a "d" está dentre as contravenções referentes à paz pública e; a "e" se refere à vadiagem, contravenção relacionada à polícia de costumes, a qual entendemos inconstitucional e há projeto de lei para sua revogação.

2. **Habitualidade.** Crime habitual é aquele em que a reiteração da conduta é condição necessária para a consumação do delito, de modo que a prática de um ato isolado não é suficiente para o cometimento do crime. *Mutatis mutandis, assim também ocorre no caso das contravenções.* Embora haja divergência na doutrina e na jurisprudência sobre ser a presente contravenção uma infração penal habitual, o STF já teve oportunidade de enfrentar o tema e, expressamente se posicionou neste sentido. Assim, para a configuração da contravenção de exercício ilegal de profissão ou atividade, não é suficiente a prática de um único

ato relativo à atividade profissional ou econômica, sendo necessária a reiteração da conduta, de modo que o agente faz da contravenção penal o seu meio ou estilo de vida. Observe-se que no caso julgado pelo STF tratava-se do exercício da atividade de advogado, ficando consignado na decisão que, ainda que se trate de um único processo judicial, a atuação do agente em mais de um ato ou momento processual já é suficiente para configurar a habitualidade. No entanto, mesmo entre aqueles que entendem pela habitualidade quanto ao núcleo *"exercer"*, no que se refere ao núcleo *"anunciar que a exerce"*, há uma tendência a não se exigir a habitualidade, sendo suficiente o ato único de anunciar. Apenas alertamos para o fato de que o termo anunciar tem origem na palavra anúncio, que por sua vez, refere-se, no caso do presente tipo penal, ao anúncio do exercício de profissão ou atividade econômica. Portanto, deve o agente anunciar que exerce a atividade, ainda que uma única vez, com o objetivo de atrair clientela, de divulgar o trabalho que exerce.

► **STF**

> *"Habeas corpus" - O exercício da advocacia com base em inscrição na OAB obtida com o uso de diploma falso de bacharel em direito caracteriza a contravenção penal prevista no artigo 47 da Lei das Contravenções Penais. Por outro lado,* ***a habitualidade exigida para a caracterização do exercício ilegal da profissão não se configura quando há a prática de um único ato privativo da profissão, configurando-se, porém, se, ainda que num processo apenas, seja em causa própria seja em favor de terceiro, o acusado praticar vários atos processuais, como ocorreu na hipótese sob julgamento****. "Habeas corpus" indeferido. (HC 75022, Relator(a): Min. MOREIRA ALVES, Primeira Turma, julgado em 26/06/1997, DJ 29-08-1997 PP-40218 EMENT VOL-01880-02 PP-00287)*

3. **Norma penal em branco. Elemento normativo do tipo.** A expressão *"sem preencher as condições a que por lei está subordinado o seu exercício"* configura-se como elemento normativo do tipo e, portanto, caracteriza a norma penal em branco, na medida em que a compreensão da presente contravenção passa pela análise da lei que regulamenta a atividade ou profissão exercida irregularmente. Com efeito, a adequação típica apenas ocorrerá para aquelas profissões reguladas por lei, em que as condições para o seu regular exercício estão fixadas pelo legislador. Assim, a violação de tais condições é o que implica na prática da contravenção em análise. Deste modo, o STF enfrentou a questão envolvendo a atividade de árbitro ou mediador.

▶ **STF**

Informativo nº 499 – **Constitui ilegalidade reparável pela via do habeas corpus fazer com que alguém responda pelo exercício ilegal de uma profissão que ainda não foi regulamentada.** Com base nesse entendimento, a Turma deferiu, em parte, habeas corpus para determinar, quanto à acusação de exercício ilegal da profissão de árbitro ou mediador (Lei de Contravenções Penais, art. 47), o trancamento de ação penal instaurada contra acusada também pela suposta prática dos delitos de formação de quadrilha, falsidade ideológica e usurpação de função pública (CP, artigos 288, 299 e 328, parágrafo único, respectivamente). Considerou-se que, ausente regulamentação legal das condições jurídicas necessárias ao desempenho da função de árbitro, ou mediador, não seria possível dar-se por caracterizada, nem mesmo em tese, a conduta descrita no art. 47 da LCP ("Art. 47. Exercer profissão ou atividade econômica ou anunciar que a exerce, sem preencher as condições a que por lei está subordinado o seu exercício:"). Enfatizou-se que os requisitos referidos na figura típica devem estar regulamentados por lei, sem os quais restaria inviabilizado, no caso, o manejo da ação penal com base no art. 47 da LCP que, por se tratar de norma penal em branco, depende da indicação de lei que estabeleça as condições para o exercício de determinada atividade. Entendeu-se que, quanto aos demais crimes, a denúncia apresentaria os elementos mínimos necessários ao prosseguimento da persecução penal. HC 92183/PE, rel. Min. Carlos Britto, 18.3.2008. (HC-92183)

4. **Conflito de normas. Especialidade.** Tratando-se de exercício ilegal de profissão, convém registrar que algumas atividades profissionais mereceram maior proteção do legislador, de maneira que o seu exercício irregular foi erigido à categoria de crime, sendo, portanto, norma especial em relação à presente contravenção, devendo, pois, prevalecer o crime em detrimento da presente contravenção. Assim ocorre com o exercício ilegal da medicina, arte dentária ou farmacêutica[44], o exercício de atividade com infração de decisão administrativa[45], a desobediência a decisão judicial sobre perda ou suspensão de direito[46].

---

44. Art. 282 – Exercer, ainda que a título gratuito, a profissão de médico, dentista ou farmacêutico, sem autorização legal ou excedendo-lhe os limites: Pena – detenção, de seis meses a dois anos.
Parágrafo único – Se o crime é praticado com o fim de lucro, aplica-se também multa.
45. Art. 205 – Exercer atividade, de que está impedido por decisão administrativa: Pena – detenção, de três meses a dois anos, ou multa.
46. Art. 359 – Exercer função, atividade, direito, autoridade ou múnus, de que foi suspenso ou privado por decisão judicial: Pena – detenção, de três meses a dois anos, ou multa.

5. **Guardador de carros ou "Flanelinha".** Registre-se a situação do conhecido "flanelinha", já que os tribunais superiores, em mais de uma oportunidade, enfrentaram a questão. Inicialmente, vale noticiar que tal atividade está regulada na Lei 6.242/75 que exige o registro na Delegacia Regional do Trabalho Competente (art. 1.º) e condiciona o registro à apresentação dos seguintes documentos: prova de identidade, atestado de bons antecedentes, certidão negativa dos cartórios criminais de seu domicílio, prova de estar em dia com as obrigações eleitorais, prova de quitação com o serviço militar (art. 3.º). Não obstante a existência da lei, os tribunais superiores afastaram a incidência do disposto no art. 47 da LCP. Com efeito, a razão do tipo em análise reside na proteção contra o abuso e a dissimulação de algumas pessoas em desfavor daqueles que acreditam estarem diante de profissionais aptos, quando, de fato, trata-se da simulação de atividade laboral especializada. Assim, entendem os tribunais superiores que, em primeiro, a atividade de guardador de carros não exige nenhuma formação ou habilidade especial a justificar a proteção da norma penal e, em segundo, há mínima ofensa ao bem jurídico, revelando-se como um indiferente penal e, portanto, carecendo de tipicidade material (princípio da insignificância).

► **STF**

> Informativo nº 699 – O guardador ou lavador autônomo de veículos automotores não registrado na Superintendência Regional do Trabalho e Emprego – SRTE, nos termos fixados pela Lei 6.242/75, **não pode ser denunciado pela suposta prática de exercício ilegal da profissão** (Lei das Contravenções Penais: "Art. 47. Exercer profissão ou atividade econômica ou anunciar que a exerce, sem preencher as condições a que por lei está subordinado o seu exercício"). Com base nesse entendimento, a 2ª Turma concedeu habeas corpus para restabelecer decisão de 1º grau, que rejeitara a peça acusatória por falta de "...pressuposto processual ou condição para o exercício da ação penal" (CPP, art. 395, II). Verificou-se a presença de requisitos para a aplicação do princípio da insignificância, a reconhecer a atipicidade material do comportamento dos pacientes. **Reputou-se minimamente ofensiva e de reduzida reprovabilidade a conduta. Destacou-se que a tipificação em debate teria por finalidade garantir que as profissões fossem exercidas por profissionais habilitados e, no caso daqueles conhecidos por "flanelinhas", a falta de registro no órgão competente não atingiria, de forma significativa, o bem jurídico penalmente protegido. Nessa senda, considerou-se que, se ilícito houvera, aproximar-se-ia do de caráter administrativo.** HC 115046/MG, rel. Min. Ricardo Lewandowski, 19.3.2013. (HC-115046)

▸ **STJ**

Informativo 536 – DIREITO PENAL. EXERCÍCIO DA PROFISSÃO DE FLANELINHA SEM A OBSERVÂNCIA DAS CONDIÇÕES PREVISTAS EM LEI. O exercício, sem o preenchimento dos requisitos previstos em lei, da profissão de guardador e lavador autônomo de veículos automotores (flanelinha) não configura a contravenção penal prevista no art. 47 do Decreto-Lei 3.688/1941 (exercício ilegal de profissão ou atividade). Consoante ensinamento doutrinário, o núcleo do tipo de exercício ilegal de profissão ou atividade busca coibir o abuso de certas pessoas, ludibriando inocentes que acreditam estar diante de profissionais habilitados, quando, na realidade, trata-se de uma simulação de atividade laboral especializada. No caso do guardador ou lavador de carros, não se pode afirmar que haja uma atividade especializada a exigir conhecimentos técnicos para a sua realização, não sendo a previsão de registro em determinado órgão, por si só, capaz de tornar a conduta penalmente relevante. Precedentes citados do STJ: HC 273.692-MG, Quinta Turma, DJe 2/10/2013; HC 190.186-RS, Quinta Turma, DJe 14/6/2013. Precedente citado do STF: HC

6. **Advogado.** No caso da profissão de advogado, o STF também já reconheceu que o exercício da atividade profissional sem a devida aprovação no exame de ordem ou com a inscrição profissional suspensa ou cassada configura a contravenção do art. 47 da LCP.

▸ **STF**

TRABALHO – OFÍCIO OU PROFISSÃO – EXERCÍCIO. Consoante disposto no inciso XIII do artigo 5º da Constituição Federal, "é livre o exercício de qualquer trabalho, ofício ou profissão, atendidas as qualificações profissionais que a lei estabelecer". BACHARÉIS EM DIREITO – QUALIFICAÇÃO. Alcança-se a qualificação de bacharel em Direito mediante conclusão do curso respectivo e colação de grau. **ADVOGADO – EXERCÍCIO PROFISSIONAL – EXAME DE ORDEM. O Exame de Ordem, inicialmente previsto no artigo 48, inciso III, da Lei nº 4.215/63 e hoje no artigo 84 da Lei nº 8.906/94, no que a atuação profissional repercute no campo de interesse de terceiros, mostra-se consentâneo com a Constituição Federal, que remete às qualificações previstas em lei. Considerações**. (RE 603583, Relator(a): Min. MARCO AURÉLIO, Tribunal Pleno, julgado em 26/10/2011, ACÓRDÃO ELETRÔNICO REPERCUSSÃO GERAL – MÉRITO DJe-102 DIVULG 24-05-2012 PUBLIC 25-05-2012 RTJ VOL-00222-01 PP-00550)

''Habeas Corpus''. **EXERCÍCIO ILEGAL DA ADVOCACIA. COMETE A CONTRAVENÇÃO PREVISTA NO ART. 47 DA LCP, QUEM PROMOVE A DEFESA DE RÉU NO PROCESSO PENAL, ESTANDO ELIMINADO DOS QUADROS DA OAB**, POR VIOLAÇÃO AO ART. 113, § 1º DA LEI 4215/63.

INEXISTÊNCIA DE CONSTRANGIMENTO ILEGAL. ORDEM DENEGADA. (HC 64479, Relator(a): Min. CELIO BORJA, Segunda Turma, julgado em 06/02/1987, DJ 20-03-1987 PP-04586 EMENT VOL-01453-01 PP-00117)

HABEAS CORPUS – ADVOCACIA – EXERCÍCIO ILEGAL DA PROFISSAO (ART. 47 DA LCP). **O EXERCÍCIO ILEGAL DE PROFISSAO OU ATIVIDADE PUNIDO PELO ART. 47 DA LEI DAS CONTRAVENÇÕES PENAIS NÃO DISTINGUE ENTRE O PROFISSIONAL NÃO INSCRITO E ENTRE O INSCRITO MAS SUSPENSO OU IMPEDIDO**, SENDO CERTO QUE, EM TODAS ESSAS HIPÓTESES, NÃO FORAM PREENCHIDAS AS CONDIÇÕES A QUE POR LEI ESTA SUBORDINADO O MENCIONADO EXERCÍCIO. RECURSO DE HABEAS CORPUS IMPROVIDO. (RHC 57121, Relator(a): Min. CUNHA PEIXOTO, Primeira Turma, julgado em 26/06/1979, DJ 31-08-1979 PP-06468 EMENT VOL-01142-01 PP-00221 RTJ VOL-00099-01 PP-00077)

7. **Corretor de Imóveis.** Sobre a atividade de corretagem de imóveis, aplica-se a presente contravenção, tendo o STJ, inclusive, enfrentado o tema para definir a competência do Juizado Especial para julgar o caso (informativo 428).

▸ **STJ**

Informativo 428, STJ – A Seção decidiu que compete ao juizado especial civil e criminal processar e julgar a contravenção penal referente ao exercício ilegal da atividade profissional no caso de um corretor de imóveis que teve sua inscrição cancelada pelo Creci por impontualidade do pagamento das anuidades (art. 205 do CP c/c Res. n. 761/2002 do Creci; art. 47 do DL n. 3.688/1941; art. 109, IV, da CF/1988, e art. 5º da Lei n. 6.530/1978). Precedentes citados: CC 13.019-BA, DJ 13/11/1995, e CC 90.776-MG, DJe 14/3/2008. CC 104.924-MG, Rel. Min. Jorge Mussi, julgado em 24/3/2010.

8. **Taxista e transporte individual remunerado de passageiros por motoristas particulares cadastrados em aplicativos.** A questão envolvendo o transporte individual remunerado de passageiros por motoristas particulares cadastrados em aplicativos como Uber e Cabify foi reconhecida como de repercussão geral no STF, sob o tema 967, ainda pendente de julgamento. Em acórdão publicado no final de 2017, da lavra do Ministro Roberto Barroso, diante da lei municipal paulistana que proibiu este tipo de transporte, entendeu-se que constitui questão constitucional relevante definir se a proibição do uso de carros particulares para o transporte individual remunerado de passageiros viola princípios da ordem econômica, como a livre iniciativa e a livre concorrência. Assim, se o STF reconhecer pela constitucionalidade da lei paulistana, estará

reconhecida a ilegalidade da atividade e, portanto, será possível a tipicidade da conduta com base no art. 47 da LCP. Se, por outro lado, manter a decisão do TJSP de inconstitucionalidade da lei municipal, estará reconhecida a licitude do comportamento, afastando-se, inclusive a tipicidade material.

▶ **STF**

> Repercussão geral – Tema 967 – Direito Constitucional. Recurso Extraordinário. Proibição do uso de carros particulares para o transporte remunerado individual de pessoas. Presença de repercussão geral. 1. A decisão recorrida declarou a inconstitucionalidade de lei municipal paulistana que proibiu o transporte individual remunerado de passageiros por motoristas particulares cadastrados em aplicativos como Uber e Cabify. 2. Constitui questão constitucional relevante definir se a proibição ao uso de carros particulares para o transporte individual remunerado de passageiros viola princípios da ordem econômica. 3. Repercussão geral reconhecida. (RE 1054110 RG, Relator(a): Min. ROBERTO BARROSO, julgado em 12/10/2017, PROCESSO ELETRÔNICO DJe-257 DIVULG 10-11-2017 PUBLIC 13-11-2017)

9. **Sujeitos ativo e passivo.** Sujeito passivo é o Estado e o sujeito ativo pode ser qualquer pessoa, não se exigindo nenhuma qualidade especial do agente.

10. **Bem jurídico protegido e objeto material.** O bem jurídico protegido é a organização do trabalho e o objeto material do crime é a atividade exercida ou anunciada.

11. **Classificação.** Tipo doloso, infração penal comum (não exige uma qualidade especial do sujeito ativo), mera conduta (pois a consumação não depende da ocorrência de resultado naturalístico, que sequer está descrito na norma), de forma livre (pois a norma não exige modo específico para realização do tipo), comissiva (praticada mediante uma ação), habitual (na modalidade exercer) e instantânea (na modalidade anunciar que exerce), unissubjetiva (pode ser praticada por uma única pessoa), plurissubsistente (pode ser praticada em mais de um ato).

12. **Referência ao valor da multa.** Na forma do art. 2.º da Lei 7.209/84, que alterou a parte geral do Código Penal, ficaram canceladas na legislação especial quaisquer referências a valores de multas, substituindo-se a expressão "multa de" por "multa". Aplica-se a regra do Código Penal quanto à aplicação da pena de multa.

Exercício ilegal do comércio de coisas antigas e obras de arte

Art. 48 – Exercer, **sem observância** das **prescrições legais**, comércio de **antiguidades**, de **obras de arte**, ou de **manuscritos e livros antigos ou raros**:

Pena – prisão simples de um a seis meses, ou multa, de um a dez contos de réis.

1. **Análise do tipo.** *"Exercer"* significa exercitar, realizar, praticar os atos próprios de uma profissão arte ou ofício. No presente tipo penal, trata-se do exercício do comércio de antiguidades, obras de arte, manuscritos e livros antigos ou raros. Antiguidade é o objeto antigo, de valor arqueológico, etnográfico, artístico, cultural etc. Obra de arte é a produção de uma ou mais pessoas, avaliada por sua função artística, em vez de prática, ou seja, pela representação do que é belo, a depender do contexto histórico e cultural, e do próprio significado de arte. São produções ligadas, principalmente, a uma composição musical, uma pintura, uma escultura, uma construção, um filme, uma produção teatral. Manuscritos são textos escritos à mão que, no tipo em questão, devem ser raros ou antigos e, por isso guardam valor histórico e cultural, assim também como os livros, que são as obras impressas de cunho literário, artístico ou científico e que constituem um volume, devendo, para fins de tipicidade, serem raros ou antigos.

2. **Habitualidade.** Para a configuração da presente contravenção não é suficiente a prática de um único ato relativo ao comércio de antiguidades, de obras de arte, ou de manuscritos e livros antigos ou raros, sendo necessária a reiteração da conduta, de modo que o agente faz da contravenção penal o seu meio ou estilo de vida.

3. **Norma penal em branco. Elemento normativo do tipo.** A expressão *"sem observância das prescrições legais"* configura-se como elemento normativo do tipo e, portanto, caracteriza a norma penal em branco, na medida em que a compreensão da presente contravenção passa pela análise da lei que regulamenta a atividade. Com efeito, o Decreto-lei 25/1937 organiza a proteção do patrimônio histórico e artístico nacional, trazendo dentre suas disposições, normas que regulam o comércio de antiguidades, obras de arte de qualquer natureza, manuscritos e livros antigos ou raros[47]. Assim, a violação de tais disposições é o que implica na prática da contravenção em análise.

47. Art. 26. Os negociantes de antiguidades, de obras de arte de qualquer natureza, de manuscritos e livros antigos ou raros são obrigados a um registro especial no Serviço do Patrimônio Histórico e Artístico Nacional, cumprindo-lhes outrossim apresentar

4. **Sujeitos ativo e passivo.** Sujeito passivo é o Estado e o sujeito ativo pode ser qualquer pessoa, não se exigindo nenhuma qualidade especial do agente.

5. **Bem jurídico protegido e objeto material.** O bem jurídico protegido é a organização do trabalho e o objeto material do crime é a antiguidade, obra de arte, manuscritos ou livros.

6. **Classificação.** Tipo doloso, infração penal comum (não exige uma qualidade especial do sujeito ativo), mera conduta (pois a consumação não depende da ocorrência de resultado naturalístico, que sequer está descrito na norma), de forma livre (pois a norma não exige modo específico para realização do tipo), comissiva (praticada mediante uma ação), habitual, unissubjetiva (pode ser praticada por uma única pessoa), plurissubsistente (pode ser praticada em mais de um ato).

7. **Referência ao valor da multa.** Na forma do art. 2.º da Lei 7.209/84, que alterou a parte geral do Código Penal, ficaram canceladas na legislação especial quaisquer referências a valores de multas, substituindo-se a expressão "multa de" por "multa". Aplica-se a regra do Código Penal quanto à aplicação da pena de multa.

Matrícula ou escrituração de indústria e profissão

Art. 49 – Infringir **determinação legal** relativa à **matrícula** ou à **escrituração** de indústria, de comércio, ou de outra atividade:

Pena – multa, de duzentos mil réis a cinco contos de réis.

---

semestralmente ao mesmo relações completas das coisas históricas e artísticas que possuírem.

Art. 27. Sempre que os agentes de leilões tiverem de vender objetos de natureza idêntica à dos mencionados no artigo anterior, deverão apresentar a respectiva relação ao órgão competente do Serviço do Patrimônio Histórico e Artístico Nacional, sob pena de incidirem na multa de cincoenta por cento sôbre o valor dos objetos vendidos.

Art. 28. Nenhum objéto de natureza idêntica à dos referidos no art. 26 desta lei poderá ser posto à venda pelos comerciantes ou agentes de leilões, sem que tenha sido préviamente autenticado pelo Serviço do Patrimônio Histórico e Artístico Nacional, ou por perito em que o mesmo se louvar, sob pena de multa de cincoenta por cento sôbre o valor atribuido ao objéto.

Parágrafo único. A. autenticação do mencionado objeto será feita mediante o pagamento de uma taxa de peritagem de cinco por cento sôbre o valor da coisa, se êste fôr inferior ou equivalente a um conto de réis, e de mais cinco mil réis por conto de réis ou fração, que exceder.

1. **Núcleo do tipo.** *"Infringir"* significa desobedecer, violar, transgredir, desrespeitar.

2. **Norma penal em branco. Elemento normativo do tipo.** A expressão *"determinação legal relativa à matrícula ou à escrituração de indústria, de comércio, ou de outra atividade"* configura-se como elemento normativo do tipo e, portanto, caracteriza a norma penal em branco, na medida em que a compreensão da presente contravenção passa pela análise das leis que regulamentam a matrícula ou escrituração de determinadas atividades industriais, comerciais, entre outras que podem depender de tais atos de escrituração e matrícula, como a de leiloeiro, corretor de valores, despachantes aduaneiros, etc. Assim, a violação das disposições legais é o que implica na prática da contravenção em análise.

3. **Sujeitos ativo e passivo.** Sujeito passivo é o Estado e o sujeito ativo é a pessoa indicada por lei como a responsável por levar a cabo a escrituração ou matrícula, exigindo-se, portanto, uma qualidade especial do agente.

4. **Bem jurídico protegido e objeto material.** O bem jurídico protegido é a organização do trabalho e o objeto material do crime é a escrituração ou matrícula.

5. **Classificação.** Tipo doloso, infração penal própria (pois exige uma qualidade especial do sujeito ativo), mera conduta (pois a consumação não depende da ocorrência de resultado naturalístico, que sequer está descrito na norma), de forma livre (pois a norma não exige modo específico para realização do tipo), comissiva (praticada mediante uma ação), instantânea (momento consumativo determinado), unissubjetiva (pode ser praticada por uma única pessoa), plurissubsistente (pode ser praticada em mais de um ato).

6. **Referência ao valor da multa.** Na forma do art. 2.º da Lei 7209/84, que alterou a parte geral do Código Penal, ficaram canceladas na legislação especial quaisquer referências a valores de multas, substituindo-se a expressão "multa de" por "multa". Aplica-se a regra do Código Penal quanto à aplicação da pena de multa.

CAPÍTULO VII
DAS CONTRAVENÇÕES RELATIVAS À POLÍCIA DE COSTUMES

Jogo de azar

Art. 50 – Estabelecer ou explorar **jogo de azar em lugar público ou acessível ao público**, mediante o pagamento de entrada ou sem ele:

Pena – prisão simples, de três meses a um ano, e multa, de dois a quinze contos de réis, estendendo-se os efeitos da condenação **à perda dos moveis e objetos de decoração do local.**

§ 1º A pena é aumentada de um terço, se existe entre os empregados ou **participa do jogo pessoa menor** de dezoito anos.

§ 2º Incorre na pena de multa, de R$ 2.000,00 (dois mil reais) a R$ 200.000,00 (duzentos mil reais), quem é encontrado a **participar do jogo, ainda que pela internet ou por qualquer outro meio de comunicação, como ponteiro ou apostador**.

§ 3º Consideram-se, jogos de azar:

a) o jogo em que o **ganho e a perda** dependem exclusiva ou principalmente **da sorte**;

b) as apostas sobre **corrida de cavalos fora de hipódromo** ou de local onde sejam autorizadas;

c) as **apostas** sobre qualquer outra **competição esportiva.**

§ 4º Equiparam-se, para os efeitos penais, a **lugar acessível ao público**:

a) a **casa particular** em que se realizam jogos de azar, quando deles habitualmente participam pessoas que não sejam da família de quem a ocupa;

b) o **hotel ou casa de habitação coletiva**, a cujos hóspedes e moradores se proporciona jogo de azar;

c) a **sede ou dependência** de sociedade ou associação, em que se realiza jogo de azar;

d) o **estabelecimento** destinado à **exploração de jogo de azar**, ainda que se dissimule esse destino.

1. **Constitucionalidade e tipicidade.** A recepção do *caput* do art. 50 da LCP pela Constituição de 1988, em face dos princípios da livre iniciativa e das liberdades fundamentais, é tema de repercussão geral no STF (Tema 924), reconhecida em novembro de 2016 e que trata, justamente da tipicidade das condutas de estabelecer e explorar jogos de azar em face da Constituição da República de 1988. A questão ainda não foi decidida pelo STF.

▶ **STF**

Repercussão Geral – Tema 924 – RECURSO EXTRAORDINÁRIO. CONTRAVENÇÃO PENAL. ARTIGO 50 DO DECRETO-LEI 3.688/1941. JOGO DE AZAR. RECEPÇÃO PELA CONSTITUIÇÃO FEDERAL. TIPICIDADE DA CONDUTA AFASTADA PELO TRIBUNAL A QUO FUNDADO NOS PRECEITOS CONSTITUCIONAIS DA LIVRE INICIATIVA E DAS LIBERDADES

FUNDAMENTAIS. ARTIGOS 1º, IV, 5º, XLI, E 170 DA CONSTITUIÇÃO FEDERAL. QUESTÃO RELEVANTE DO PONTO DE VISTA ECONÔMICO, POLÍTICO, SOCIAL E JURÍDICO. TRANSCENDÊNCIA DE INTERESSES. RECONHECIDA A EXISTÊNCIA DE REPERCUSSÃO GERAL. Decisão: O Tribunal, por maioria, reputou constitucional a questão, vencidos os Ministros Edson Fachin e Dias Toffoli. O Tribunal, por maioria, reconheceu a existência de repercussão geral da questão constitucional suscitada, vencidos os Ministros Edson Fachin e Dias Toffoli. (REPERCUSSÃO GERAL NO RECURSO EXTRAORDINÁRIO 966.177. RIO GRANDE DO SUL. RELATOR: MIN. LUIZ FUX)

2. **Núcleo do tipo.** "*Estabelecer*" significa colocar em vigor, criar, instituir. "*Explorar*" é tirar proveito de, obter lucro, beneficiar-se. No caso, trata-se de instituir ou tirar proveito de jogos de azar. Neste sentido, fique atento com o fato de que os meros atos preparatórios para o inicio da exploração dos jogos de azar não são puníveis, na medida em que deve a atividade contravencional efetivamente se iniciar. Aliás, recorde-se que não se pune a tentativa de contravenção, como está expressamente consignado no art. 4.º da LCP.

Aplicação em concurso público:

- ***(Defensor Público – RS/2018)***

  Em cumprimento a mandado de busca e apreensão em galpão mantido por João, Geraldo e Cleodomir – que inclusive se encontravam em reunião no local quando da ação policial –, foram apreendidos diversos cadernos em que os três preparavam a abertura e a contabilidade de uma central de jogos de azar, bem como panfletos de propaganda das atividades que ali se iniciariam em uma semana, além de mais de 20 máquinas caça-níqueis. Nesse caso, a conduta dos agentes

  A) configura a prática de formação de quadrilha (art. 288 do CP).

  B) não é penalmente relevante.

  C) configura a prática da contravenção penal de exploração de jogos de azar (art. 50 do Decreto-lei n° 3.688/41)

  D) configura as práticas de formação de quadrilha (art. 288 do CP) e da contravenção penal de exploração de jogos de azar (art. 50 do Decreto-lei n° 3.688/41).

  E) configura a prática da contravenção penal de exploração de jogos de azar (art. 50 do Decreto-lei n° 3.688/41), em sua forma tentada.

  A resposta da questão é a letra "b", pois não houve sequer inicio de execução da contravenção de jogos de azar, ficando os agentes apenas no campo dos atos preparatórios, sendo que, também não há sequer a possibilidade da tentativa de contravenção. Ressalte-se ainda que não se trata de formação de quadrilha, atual associação criminosa, porque o art. 288 exige que os agentes se reúnam com o fim de praticar crimes e não contravenções, não havendo que se falar em interpretação extensiva, sob pena de violação ao princípio da legalidade.

3. **Jogos de azar. Parágrafo terceiro (norma penal não incriminadora explicativa).** Quanto ao que sejam os jogos de azar, são aqueles cujo resultado depende apenas da sorte ou principalmente dela, a significar atividade ou acontecimento que depende do acaso. Ou seja, ainda que os jogadores possam se diferenciar uns dos outros por suas habilidades no jogo, a sorte ainda é fator relevante para a vitória. Num jogo de cartas, por exemplo, há quem seja mais habilidoso com o baralho, mais atento com as regras do jogo, mas, se esta habilidade não se aliar com o fator sorte, a vitória não estará garantida. O próprio tipo, no parágrafo 3.º, define os jogos de azar como (a) o jogo em que o ganho e a perda dependem exclusiva ou principalmente da sorte, (b) as apostas sobre corrida de cavalos fora de hipódromo ou de local onde sejam autorizadas e (c) as apostas sobre qualquer outra competição esportiva. Extrai-se, portanto, de maneira geral, que nos jogos de azar a vitória no jogo depende menos das técnicas ou habilidades do jogador e mais de sua sorte. No que se refere às corridas de cavalo, a alínea "b" trata-se de norma penal em branco, na medida em que as corridas de cavalo estão reguladas pela Lei 7.291/84[48], tendo o legislador feito a opção por permitir as apostas, desde que atendendo-se as diretrizes da referida legislação.

---

48 Art.6º – A realização de corridas de cavalo, com exploração de apostas, é permitida no País com a finalidade de suprir os recursos necessários à coordenação e fiscalização da eqüideocultura nacional, através da Comissão Coordenadora da Criação do Cavalo Nacional – CCCCN.

Art.7º – A autorização a entidades turfísticas, para exploração de apostas, atestada sua viabilidade técnica e econômica, será concedida através de carta patente expedida pela comissão Coordenadora da Criação do Cavalo Nacional – CCCCN, juntamente com a homologação do Plano Geral de Apostas.

Parágrafo único. A Comissão Coordenadora da Criação do Cavalo Nacional – CCCCN poderá conceder, a título experimental, por prazo não superior a 180 (cento e oitenta) dias, autorização para:

a) exploração de apostas a novas entidades;

b) exploração de modalidades de apostas, não constantes do Plano Geral de Apostas homologado.

Art.8º – As apostas em competições turfísticas só poderão ser efetuadas nos recintos ou dependências dos hipódromos, nas sedes ou subsedes sociais das entidades turfísticas, em agências e através de agentes por elas devidamente credenciados.

Art.9º – As entidades turfísticas autorizadas poderão manter agências e agentes, credenciados através de convênios com entidades congêneres sediadas em outros Estados ou Municípios.

Quanto às apostas em outras modalidades esportivas, o legislador penal não as permitiu, salvo no contexto do Decreto-Lei 6.259/44, que dispõe sobre o serviço de loterias e dá outras providências. Assim justifica-se a Loteria Esportiva, criada pelo Decreto-lei nº 594/69 e regulamentada pelo Decreto n.º 66.118/70. Vale ressaltar que não descaracteriza a contravenção do art. 50 da LCP o fato de a aposta ser feita à distância, por meio eletrônico, nem mesmo o fato de a competição ou a atividade sobre a qual se aposta, estar ocorrendo também à distância, fora do alcance dos envolvidos. Neste sentido já decidiu o STF sobre a corrida de cavalos ocorrida no exterior.

▶ **STF**

> **Informativo nº 247 – Apostas Via Satélite**: Contravenção Penal. Considerando que a conduta descrita na denúncia – captação, pelo paciente, de **corridas de cavalos ocorridas no exterior**, via satélite, e exibição das mesmas no seu estabelecimento, onde eram coletadas, sem a necessária autorização, apostas on line (sistema denominado "simulcasting internacional") – encontra tipificação na Lei das Contravenções Penais, art. 50, § 3º, b, que considera como espécie de jogo de azar "as apostas sobre corridas de cavalos fora de hipódromo ou de local onde sejam autorizadas", a Turma indeferiu habeas corpus em que se pretendia o trancamento da ação penal instaurada contra o paciente pela alegada atipicidade da conduta. (HC 80.908-RS, rel. Min. Carlos Velloso, 23.10.2001)

4. **Competência legislativa.** A regulamentação da realização de apostas, loterias, consórcios, sorteios ou bingos é de competência da União. Dispõe o art. 22, XX, da CR/88 que compete privativamente à União legislar sobre sistemas de consórcios e sorteios. Interpretando a referida norma, o Min. Eros Grau foi preciso: "*A exploração de loteria será lícita se expressamente autorizada a sua exploração por norma jurídica específica. Essa norma específica – e isso me parece evidente – é norma penal, porque consubstancia uma isenção à regra que define a ilicitude. (...) Então, se apenas à União, e privativamente – para começar – a Constituição atribui competência para legislar sobre matéria penal, apenas a União poderá dispor a regra de isenção de que se cuida. Somente ela – e ela o fez também na Lei Zico, na Lei Pelé – poderá operar a migração da atividade ilícita (exploração de loteria) para o campo da licitude. Portanto, nem a lei estadual, nem a lei distrital, nem lei municipal podem operar migração, dessa atividade, do campo da ilicitude para o*

---

§ 1º – Os convênios referidos neste artigo vigorarão após homologados pela Comissão Coordenadora da Criação do Cavalo Nacional - CCCCN.

campo da licitude, pois isso é da competência privativa da União, nos termos do art. 22, inciso I da Constituição." (ADI 2847, Voto do Ministro Eros Grau, Tribunal Pleno, julgamento em 5.8.2004, DJ de 26.11.2004). Assim, editou-se a súmula vinculante n.º 2. Portanto, não havendo lei federal que torne lícito o estabelecimento ou exploração do jogo de azar, preenchido estará o tipo do art. 50 da LCP.

▶ **STF**

Súmula vinculante n.º 2. É inconstitucional a lei ou ato normativo Estadual ou Distrital que disponha sobre sistemas de consórcios e sorteios, inclusive bingos e loterias.

5. **Corrida de cavalos. Inafiançabilidade.** Dispõe o parágrafo 2.º, do art. 8.º, da Lei 7.291/84 que é inafiançável a contravenção decorrente de apostas sobre corridas de cavalos, prevista na LCP[49]. No entanto, entendemos tratar-se de dispositivo não recepcionado pela Constituição da República de 1988. Em primeiro, a Constituição estabeleceu quais as infrações penais são inafiançáveis, sendo elas: o racismo, o tráfico, o terrorismo, a tortura, os crimes hediondos e a ação de grupos armados, civis ou militares, contra a ordem constitucional e o Estado Democrático[50]. Em segundo, mesmo para quem entenda que a lei pode tornar inafiançável outras infrações penais além das fixadas na CR/88, não há dúvida que a inafiançabilidade da contravenção em análise é absolutamente desproporcional, já que infrações penais muito mais graves admitem a liberdade mediante fiança. Não bastasse isso, a discussão é inócua, porquanto tratando-se de infração de pequeno potencial ofensivo, não há, como regra, hipótese de prisão em flagrante delito, exceção feita quando o autor se recusar a comparecer à audiência preliminar no Juizado Especial Criminal, o que é raríssimo.

6. **Bingo.** Quanto aos bingos, obedecendo a competência legislativa da União, confirmada pelo STF, a Lei 9.615/98 (Lei Pelé) autorizou e

---

49. § 2º – É inafiançável a contravenção decorrente de apostas sobre corridas de cavalos, prevista no Art.50, § 3º, alínea "b", do Decreto-Lei nº 3.688, de 3 de outubro de 1941, e no Art.6º do Decreto-Lei nº 6.259, de 10 de fevereiro de 1944.
50. Art. 5.º [...]
XLII – a prática do racismo constitui crime inafiançável e imprescritível, sujeito à pena de reclusão, nos termos da lei;
XLIII – a lei considerará crimes inafiançáveis e insuscetíveis de graça ou anistia a prática da tortura, o tráfico ilícito de entorpecentes e drogas afins, o terrorismo e os definidos como crimes hediondos, por eles respondendo os mandantes, os executores e os que, podendo evitá-los, se omitirem;
XLIV – constitui crime inafiançável e imprescritível a ação de grupos armados, civis ou militares, contra a ordem constitucional e o Estado Democrático;

regulamentou a atividade de bingo, em seus arts. 59 a 81. Assim, por força desta lei, o estabelecimento e a exploração de bingos passou a ser atividade lícita, afastando-se a tipicidade do art. 50 da LCP. No entanto, o art. 2.º da Lei 9.981/00 revogou expressamente os arts. 59 a 81 da Lei Pelé, voltando tal atividade à ilegalidade. No entanto, a nova lei permitiu que aqueles bingos que estivessem em funcionamento pudessem permanecer em atividade até a expiração de suas autorizações que, evidentemente, não seriam renovadas como, de fato, não o foram.

- **STF**

Ao contrário do que pretendido, o Supremo Tribunal Federal não permitiu nem liberou a exploração da atividade de bingos. Este Supremo Tribunal declarou inconstitucional lei ou ato normativo estadual ou distrital que disponha sobre sistemas de consórcios e sorteios, até mesmo bingos e loterias. Portanto, não prospera a pretensão da Reclamante, que, a pretexto de alegar contrariedade à Súmula Vinculante nº 2 do Supremo Tribunal Federal, pretende a liberação da exploração de atividade de bingos por meio desta reclamação." (Rcl 13411 AgR, Relatora Ministra Cármen Lúcia, Tribunal Pleno, julgamento em 10.4.2014, DJe de 28.4.2014)

- **STJ**

ADMINISTRATIVO E PROCESSUAL CIVIL. EXPLORAÇÃO DA ATIVIDADE DE BINGOS. ILICITUDE. AGRAVO CONHECIDO PARA NEGAR SEGUIMENTO AO RECURSO ESPECIAL. A LEI COMPLEMENTAR N. 116/2003 NÃO LEGITIMA A PRÁTICA DE JOGOS DE AZAR. 1. Inexistente a alegada violação do art. 535 do CPC, pois a prestação jurisdicional foi dada na medida da pretensão deduzida, como se depreende da leitura do acórdão recorrido, que enfrentou os temas abordados no recurso de apelação, qual seja, a ilegalidade dos jogos de bingos. **2. A jurisprudência do Superior Tribunal de Justiça é assente em afirmar que a exploração e funcionamento das máquinas de jogos eletrônicos, caça-níqueis, bingos e similares é de natureza ilícita, revelando prática contravencional descrita no art. 50 da Lei de Contravenções Penais.** (RMS 21.422/PR, Rel. Min. Luiz Fux, Primeira Turma, julgado em 16.12.2008, DJe 18.2.2009.). Precedentes. Súmula 83/STJ. 3. O Tribunal de origem decidiu corretamente ao reformar a sentença, negando a segurança concedida, uma vez que obedeceu rigorosamente ao enunciado da Súmula Vinculante 2/STF. 4. Ademais, ficou decidido por esta Corte que a Lei Complementar n. 116/2003 não legitima a prática de jogos de azar, como os denominados caça-níqueis, deixando de prever, expressamente, que se enquadram no conceito de diversões eletrônicas; e que também não revogou a norma contida no art. 50 do Decreto-Lei n. 3.688/1941 (Lei de Contravenções Penais). Sobretudo, em razão da realização de jogos de azar, sem amparo legal, vulnerar a ordem pública, a economia popular e o direito dos consumidores (além de infringir a legislação penal, notadamente os arts. 50 e 51 da Lei de Contravenções Penais). (Precedente: REsp 813.222/RS, Rel. Min. Herman Benjamin, Segunda Turma, julgado em 8.9.2009, DJe 4.5.2011.) 5. Dessa forma, impossível prestar suporte à ação interposta pela recorrente visando que lhe fosse garantido o regular exercício do direito de explorar as atividades de bingo, sob o fundamento de que é lícita a exploração da atividade. Agravo regimental improvido. (AgRg no AREsp 98.031/SP, Rel. Ministro HUMBERTO MARTINS, SEGUNDA TURMA, julgado em 19/02/2013, DJe 25/02/2013)

7. **Caça-níquel ou bingo eletrônico.** A exploração das máquinas caça-níqueis configura a contravenção do art. 50 da LCP. Neste sentido já decidiu o STJ.

▶ **STJ**

MEDIDA CAUTELAR. AGRAVO REGIMENTAL NA MEDIDA CAUTELAR. RECURSO ESPECIAL. DESTRANCAMENTO E EFEITO SUSPENSIVO. BINGO. ENQUADRAMENTO COMO JOGO DE AZAR. REVISÃO DO JULGADO. IMPOSSIBILIDADE. SÚMULA 7/STJ. EXPLORAÇÃO COMERCIAL DE MÁQUINAS DE JOGOS ELETRÔNICOS. ILICITUDE. 1. **O Tribunal a quo concluiu que a atividade efetivamente desenvolvida pela agravante, ainda que sob a nomenclatura de bingo eletrônico, consistia, em verdade, na exploração de jogo de azar, prática vedada pelo art. 50 do Decreto-Lei n.° 3.688/41** (Lei das Contravenções Penais). 2. Conclusão distinta da perfilhada na origem demandaria, necessariamente, o reexame do suporte fático dos autos, proibido pelo teor da Súmula n.º 7/STJ, de seguinte conteúdo: "A pretensão de simples reexame de prova não enseja recurso especial". 3. **Ainda que não incidisse o óbice da súmula referenciada, a pretensão da agravante esbarraria na jurisprudência pacífica desta Sodalício que se firmou pela ilicitude da exploração e funcionamento das máquinas de jogos eletrônicos. Precedentes.** 4. Agravo regimental improvido. (AgRg na MC 10.784/RS, Rel. Ministro CASTRO MEIRA, SEGUNDA TURMA, julgado em 13/12/2005, DJ 06/02/2006, p. 231)

8. **Concurso de crimes. Descaminho e jogos de azar.** Quando há demonstração de que a máquina ou as peças que compõe o caça-níquel foram trazidas do exterior, caracterizado estará o crime de descaminho (art. 334, CP), sendo a hipótese do concurso material entre o descaminho e a contravenção penal em análise, desde que o agente tenha sido o responsável por fazer entrar no país a máquina ou suas peças e ainda explore o jogo de azar. No entanto, em razão da expressa exclusão da competência da Justiça Federal para julgar contravenções penais, deverá

ocorrer o desmembramento do processo, ficando o contrabando ou descaminho sob a competência da Justiça Federal e a contravenção do art. 50 da LCP, sob a competência do Juizado Especial Criminal, no âmbito da Justiça Estadual (Informativo 511, STJ).

▶ **STJ**

> **Informativo 511** – DIREITO PROCESSUAL PENAL. COMPETÊNCIA. CONTRAVENÇÃO PENAL. É da competência da Justiça estadual o julgamento de contravenções penais, mesmo que conexas com delitos de competência da Justiça Federal. A Constituição Federal expressamente excluiu, em seu art. 109, IV, a competência da Justiça Federal para o julgamento das contravenções penais, ainda que praticadas em detrimento de bens, serviços ou interesse da União. Tal orientação está consolidada na Súm. n. 38/STJ. Precedentes citados: CC 20.454-RO, DJ 14/2/2000, e CC 117.220-BA, DJe 7/2/2011. CC 120.406-RJ, Rel. Min. Alderita Ramos de Oliveira (Desembargadora convocada do TJ-PE), julgado em 12/12/2012.

9. **Elemento espacial do tipo. Lugar público ou acessível ao público.** Lugar público é o local cujo acesso à população é livre, sem qualquer barreira ou restrição, caracterizando-se como propriedade pública. Lugar acessível ao público é o local particular, em que se permite a entrada das pessoas, com ou sem pagamento ou contraprestação. Equiparam-se, ainda, para os efeitos penais, a lugar acessível ao público, na forma do parágrafo 4.º do art. 50 da LCP, (a) a casa particular em que se realizam jogos de azar, quando deles habitualmente participam pessoas que não sejam da família de quem a ocupa, (b) o hotel ou casa de habitação coletiva, a cujos hóspedes e moradores se proporciona jogo de azar, (c) a sede ou dependência de sociedade ou associação, em que se realiza jogo de azar e (d) o estabelecimento destinado à exploração de jogo de azar, ainda que se dissimule esse destino. Referido parágrafo 4.º trata-se, também, de norma penal não incriminadora explicativa.

10. **Causa de aumento de pena (majorante).** O parágrafo 1.º do art. 50 da LCP traz a majorante segundo a qual a pena deverá ser aumentada em 1/3 quando entre os empregados da casa onde se estabelece ou se explora o jogo de azar ou quando entre os apostadores houver pessoa menor de 18 anos. De fato, é mais grave a conduta quando a mesma proporciona o contato de crianças e adolescentes com o jogo, porquanto são pessoas cuja personalidade e o caráter estão em formação, sendo mais suscetíveis ao vício, com menor capacidade de resistir ao impulso, de agir de outra forma.

11. **Privilégio. Ponteiro ou apostador.** Ponteiro é a pessoa responsável por fazer a marcação ou anotação das apostas. Apostador, por óbvio, é a pessoa que realiza a aposta no jogo. Para eles o legislador extirpou a pena de prisão, reservando apenas a pena de multa, em autêntica figura privilegiada.

12. **Efeitos da condenação.** Como regra, os efeitos da condenação na esfera penal estão regulados nos arts. 91 e 92 do Código Penal, tratando-se, respectivamente, dos efeitos automáticos e não automáticos da sentença penal condenatória. Nada obstante, isso não impede que a legislação extravagante crie outros efeitos decorrentes da condenação, inclusive os cominando no preceito secundário do tipo penal. Foi exatamente o que se fez na LCP, em relação ao art. 50, porquanto além da prisão e da multa, cominou o legislador como efeito da condenação a perda dos móveis e objetos de decoração do local.

13. **Sujeitos ativo e passivo.** Sujeito passivo é a sociedade e o sujeito ativo pode ser qualquer pessoa.

14. **Bem jurídico protegido e objeto material.** O bem jurídico protegido são os bons costumes e o objeto material do crime é o jogo de azar.

15. **Classificação.** Tipo doloso, infração penal comum (pois não exige uma qualidade especial do sujeito ativo), mera conduta (pois a consumação não depende da ocorrência de resultado naturalístico, que sequer está descrito na norma), de forma livre (pois a norma não exige modo específico para realização do tipo), comissiva (praticada mediante uma ação), instantânea, na modalidade "estabelecer" (momento consumativo determinado) e permanente na modalidade "explorar" (a consumação se alonga no tempo), unissubjetiva (pode ser praticada por uma única pessoa), plurissubsistente (pode ser praticada em mais de um ato).

16. **Referência ao valor da multa.** Na forma do art. 2.º da Lei 7209/84, que alterou a parte geral do Código Penal, ficaram canceladas na legislação especial quaisquer referências a valores de multas, substituindo-se a expressão "multa de" por "multa". Aplica-se a regra do Código Penal quanto à aplicação da pena de multa.

17. **Princípio da insignificância (crime de bagatela) e Princípio da adequação social. Exclusão da tipicidade material.** Nada obstante a conduta típica descrita no art. 50 da LCP, verdade é que muitas vezes a conduta praticada pelos agentes é de tal maneira banal que não oferece sequer risco aos bons costumes, seja porque são poucos os jogadores ou apostadores, seja porque as apostas são esporádicas, seja porque os

valores envolvidos são mínimos. Assim, não há que se falar em interesse do direito penal, por exemplo, na punição de apostas realizadas entre amigos, diante de determinado evento, normalmente esportivo, em que a finalidade não é a obtenção de lucro, mas apenas o lazer. O mesmo se pode dizer dos jogos de cartas entre familiares e amigos, com apostas em valores pequenos, como pura diversão. Assim, trata-se de contravenção de bagatela, insignificante para o Direito Penal. Da mesma forma, há condutas que são absolutamente aceitas e, inclusive fomentadas, de modo que a finalidade da conduta não reflete o desvalor consagrado pelo tipo, em verdadeira adequação social, como no caso de bingos beneficentes ou no caso dos chamados bolões.

Loteria não autorizada

Art. 51 - Promover ou fazer extrair loteria, sem autorização legal:

Pena - prisão simples, de seis meses a dois anos, e multa, de cinco a dez contos de réis, estendendo-se os efeitos da condenação à perda dos moveis existentes no local.

§ 1º Incorre na mesma pena quem guarda, vende ou expõe à venda, tem sob sua guarda para o fim de venda, introduz ou tenta introduzir na circulação bilhete de loteria não autorizada.

§ 2º Considera-se loteria toda operação que, mediante a distribuição de bilhete, listas, cupões, vales, sinais, símbolos ou meios análogos, faz depender de sorteio a obtenção de prêmio em dinheiro ou bens de outra natureza.

§ 3º Não se compreendem na definição do parágrafo anterior os sorteios autorizados na legislação especial.

1. **Revogado.** O art. 51 da LCP foi revogado tacitamente pelo art. 45 do Decreto-lei 6.259/44, que dispõe sobre o serviço de loterias e dá outras providências[51]. Referida legislação, em seus artigos 45 a 60 estabeleceu as contravenções relacionadas às loterias, substituindo as disposições da LCP sobre o mesmo tema.

---

51. Art. 45. Extrair loteria sem concessão regular do poder competente ou sem a ratificação de que cogita o art. 3º Penas: de um (1) a quatro (4) anos de prisão simples, multa de cinco mil cruzeiros (Cr$ 5.000,00) a dez mil cruzeiros (Cr$ 10.000,00), além da perda para a Fazenda Nacional de todos os aparelhos de extração, mobiliário, utensílios e valores pertencentes à loteria.

Loteria estrangeira

Art. 52 – Introduzir, no país, para o fim de comércio, bilhete de loteria, rifa ou tômbola estrangeiras:

Pena – prisão simples, de quatro meses a um ano, e multa, de um a cinco contos de réis.

Parágrafo único. Incorre na mesma pena quem vende, expõe à venda, tem sob sua guarda para o fim de venda, introduz ou tenta introduzir na circulação, bilhete de loteria estrangeira.

1. **Revogado**. O art. 52 da LCP foi revogado tacitamente pelo art. 46 do Decreto-lei 6.259/44, que dispõe sobre o serviço de loterias e dá outras providências[52]. Referida legislação, em seus artigos 45 a 60 estabeleceu as contravenções relacionadas às loterias, substituindo as disposições da LCP sobre o mesmo tema.

Loteria estadual

Art. 53 – Introduzir, para o fim de comércio, bilhete de loteria estadual em território onde não possa legalmente circular:

Pena – prisão simples, de dois a seis meses, e multa, de um a três contos de réis.

Parágrafo único. Incorre na mesma pena quem vende, expõe à venda, tem sob sua guarda, para o fim de venda, introduz ou tonta introduzir na circulação, bilhete de loteria estadual, em território onde não possa legalmente circular.

1. **Revogado.** O art. 53 da LCP foi revogado tacitamente pelos arts. 46, 48 e 50 do Decreto-lei 6.259/44, que dispõe sobre o serviço de loterias e dá outras providências[53]. Referida legislação, em seus artigos 45 a 60

52. Art. 46. Introduzir no país bilhetes de loterias, rifas ou tômbolas estrangeiras, ou em qualquer Estado, bilhetes de outra loteria estadual. Penas: de seis (6) meses a um (1) ano de prisão simples, multa de mil cruzeiros (Cr$ 1.000,00) a cinco mil cruzeiros (Cr$ 5.000,00), além da perda para a Fazenda Nacional de todos os bilhetes apreendidos.
53. Art. 48. Possuir, ter sob sua guarda, procurar colocar, distribuir ou lançar em circulação bilhetes de loteria estadual fora do território do Estado respectivo. Penas: de dois (2) a seis (6) meses de prisão simples, multa de quinhentos cruzeiros (Cr$ 500,00) a mil cruzeiros (Cr$ 1.000,00), além de perda para a Fazenda Nacional dos bilhetes apreendidos.
    Art. 50. Efetuar o pagamento de prêmio relativo a bilhete de loteria estrangeira ou estadual que não possa circular legalmente no lugar do pagamento. Penas: de dois (2) a seis (6) meses de prisão simples e multa de quinhentos cruzeiros (Cr$ 500,00) a mil cruzeiros (Cr$ 1.000,00).

estabeleceu as contravenções relacionadas às loterias, substituindo as disposições da LCP sobre o mesmo tema.

Exibição ou guarda de lista de sorteio

Art. 54 – Exibir ou ter sob sua guarda lista de sorteio de loteria estrangeira:

Pena – prisão simples, de um a três meses, e multa, de duzentos mil réis a um conto de réis.

Parágrafo único. Incorre na mesma pena quem exibe ou tem sob sua guarda lista de sorteio de loteria estadual, em território onde esta não possa legalmente circular.

1. **Revogado.** O art. 54 da LCP foi revogado tacitamente pelo art. 49 do Decreto-lei 6.259/44, que dispõe sobre o serviço de loterias e dá outras providências[54]. Referida legislação, em seus artigos 45 a 60 estabeleceu as contravenções relacionadas às loterias, substituindo as disposições da LCP sobre o mesmo tema.

Impressão de bilhetes, listas ou anúncios

Art. 55 – Imprimir ou executar qualquer serviço de feitura de bilhetes, lista de sorteio, avisos ou cartazes relativos a loteria, em lugar onde ela não possa legalmente circular:

Pena – prisão simples, de um a seis meses, e multa, de duzentos mil réis a dois contos de réis.

1. **Revogado.** O art. 55 da LCP foi revogado tacitamente pelo art. 51 do Decreto-lei 6.259/44, que dispõe sobre o serviço de loterias e dá outras providências[55]. Referida legislação, em seus artigos 45 a 60 estabeleceu

54. Art. 49. Exibir, ou ter sob sua guarda, listas de sorteios de loteria estrangeira ou de estadual fora do território do Estado respectivo. Penas: de em (1) a quatro (4) meses de prisão simples e multa de duzentos cruzeiros (Cr$ 200,00) a quinhentos cruzeiros (Cr$ 500,00).

55. Art. 51. Executar serviços de impressão ou acabamento de bilhetes, listas, avisos ou cartazes, relativos a loteria que não possa legalmente circular no lugar onde se executem tais serviços. Penas: de dois (2) a seis (6) meses de prisão simples, multa de quinhentos cruzeiros (Cr$ 500,00) a mil cruzeiros (Cr$ 1.000,00), e a inutilização dos bilhetes, listas, avisos e cartazes, além da pena de prisão aos proprietários e gerentes dos respectivos estabelecimentos.

as contravenções relacionadas às loterias, substituindo as disposições da LCP sobre o mesmo tema.

Distribuição ou transporte de listas ou avisos

Art. 56 – Distribuir ou transportar cartazes, listas de sorteio ou avisos de loteria, onde ela não possa legalmente circular:

Pena – prisão simples, de um a três meses, e multa, de cem a quinhentos mil réis.

1. **Revogado.** O art. 56 da LCP foi revogado tacitamente pelo art. 52 do Decreto-lei 6.259/44, que dispõe sobre o serviço de loterias e dá outras providências[56]. Referida legislação, em seus artigos 45 a 60 estabeleceu as contravenções relacionadas às loterias, substituindo as disposições da LCP sobre o mesmo tema.

Publicidade de sorteio

Art. 57 – Divulgar, por meio de jornal ou outro impresso, de rádio, cinema, ou qualquer outra forma, ainda que disfarçadamente, anúncio, aviso ou resultado de extração de loteria, onde a circulação dos seus bilhetes não seria legal:

Pena – multa, de um a dez contos de réis.

1. **Revogado.** O art. 57 da LCP foi revogado tacitamente pelos arts. 55 e 56 do Decreto-lei 6.259/44, que dispõe sobre o serviço de loterias e dá outras providências[57]. Referida legislação, em seus artigos 45 a 60

---

56. Art. 52. Distribuir ou transportar cartazes, listas ou avisos de loterias onde os mesmos não possam legalmente circular. Penas: de um (1) a quatro (4) meses de prisão simples e multa de duzentos cruzeiros (Cr$ 200,00) a quinhentos cruzeiros (Cr$ 500,00).
57. Art. 55. Divulgar por meio de jornal, revista, rádio, cinema ou por qualquer outra forma, clara ou disfarçadamente, anúncio, aviso ou resultado de extração de loteria que não possa legalmente circular no lugar em que funciona a empresa divulgadora. Penas: de multa de mil cruzeiros (Cr$ 1.000,00) a cinco mil cruzeiros (Cr$ 5.000,00) aplicável aos proprietários e gerentes das respectivas emprêsas, e o dôbro na reincidência.
    Parágrafo único. A Fiscalização Geral de Loterias deverá apreender os jornais, revistas ou impressos que inserirem reiteradamente anúncio ou aviso proibidos, e requisitar a cassação da licença para o funcionamento das emprêsas de rádio e cinema que, da mesma forma, infringirem a disposição dêste artigo.

estabeleceu as contravenções relacionadas às loterias, substituindo as disposições da LCP sobre o mesmo tema.

Jogo do bicho

Art. 58 – Explorar ou realizar a loteria denominada jogo do bicho, ou praticar qualquer ato relativo à sua realização ou exploração:

Pena – prisão simples, de quatro meses a um ano, e multa, de dois a vinte contos de réis.

Parágrafo único. Incorre na pena de multa, de duzentos mil réis a dois contos de réis, aquele que participa da loteria, visando a obtenção de prêmio, para si ou para terceiro.

1. **Revogado.** O art. 58 da LCP foi revogado de forma tácita, coincidentemente, pelo art. 58 do Decreto-lei 6.259/44, que dispõe sobre o serviço de loterias e dá outras providências[58]. Referida legislação, em seus artigos 45 a 60 estabeleceu as contravenções relacionadas às loterias, substituindo as disposições da LCP sobre o mesmo tema.

Art. 56. Transmitir pelo telégrafo ou por qualquer outro meio o resultado da extração da loteria que não possa circular no lugar para onde se fizer a transmissão. Penas: de multa de quinhentos cruzeiros (Cr$ 500,00) a mil cruzeiros (Cr$ 1.000,00).
Parágrafo único. Nas mesmas penas incorrerá a emprêsa telegráfica particular que efetuar a transmissão;

58. Art. 58. Realizar o denominado "jôgo do bicho", em que um dos participantes, considerado comprador ou ponto, entrega certa quantia com a indicação de combinações de algarismos ou nome de animais, a que correspondem números, ao outro participante, considerado o vendedor ou banqueiro, que se obriga mediante qualquer sorteio ao pagamento de prêmios em dinheiro. Penas: de seis (6) meses a um (1) ano de prisão simples e multa de dez mil cruzeiros (Cr$ 10.000,00) a cinqüenta mil cruzeiros (Cr$ 50.000,00) ao vendedor ou banqueiro, e de quarenta (40) a trinta (30) dias de prisão celular ou multa de duzentos cruzeiros (Cr$ 200,00) a quinhentos cruzeiros (Cr$ 500,00) ao comprador ou ponto.
§ 1º Incorrerão nas penas estabelecidas para vendedores ou banqueiros: a) os que servirem de intermediários na efetuação do jôgo; b) os que transportarem, conduzirem, possuírem, tiverem sob sua guarda ou poder, fabricarem, darem, cederem, trocarem, guardarem em qualquer parte, listas com indicações do jôgo ou material próprio para a contravenção, bem como de qualquer forma contribuírem para a sua confecção, utilização, curso ou emprêgo, seja qual for a sua espécie ou quantidade; c) os que procederem à apuração de listas ou à organização de mapas relativos ao movimento do jôgo; d) os que por qualquer modo promoverem ou facilitarem a realização do jôgo.
§ 2º Consideram-se idôneos para a prova do ato contravencional quaisquer listas com indicações claras ou disfarçadas, uma vez que a perícia revele se destinarem à perpetração do jôgo do bicho.

No entanto, especificamente no caso do jogo do bicho, convém registrar que tal atividade contravencional está diretamente ligada a outras condutas criminosas como, por exemplo, a associação criminosa, a lavagem de dinheiro, os crimes contra a economia popular e a formação de cartel. **Assim, há muitas decisões envolvendo o tema e, por consequência, diversas questões de concursos relacionadas à contravenção penal do jogo do bicho. Por esta razão, entendemos conveniente registrar alguns entendimentos do STJ e do STF, bem como algumas questões de concurso.**

Aplicação em concurso público:

- ***(FGV – Exame de Ordem Unificado – XVIII – Primeira Fase – OAB/2015)***

  No ano de 2014, Bruno, Bernardo e Bianca se uniram com a intenção de praticar, reiteradamente, a contravenção penal de jogo do bicho. Para tanto, reuniam-se toda quarta-feira e decidiam em quais locais o jogo do bicho seria explorado. Chegaram, efetivamente, em uma oportunidade, a explorar o jogo do bicho em determinado estabelecimento. Considerando apenas as informações narradas, Bruno, Bernardo e Bianca responderão

  A) pela contravenção penal do jogo do bicho, apenas.

  B) pela contravenção penal do jogo do bicho e pelo crime de associação criminosa.

  C) pela contravenção penal do jogo do bicho e pelo crime de organização criminosa.

  D) pelo crime de associação criminosa, apenas.

  A alternativa "a" está correta, pois não há que se falar em associação criminosa já que o art. 288 do CP é expresso no sentido de que os indivíduos devem se reunião para a prática de crimes, não se referindo às contravenções.

2. **Punição do intermediador.** Na contravenção do jogo do bicho, temos a figura: a) do vendedor ou banqueiro, que é o dono da banca de apostas, b) do apostador, comprador ou ponto, que é quem faz a aposta no jogo clandestino e, c) do intermediador, que é quem faz as anotações das apostas, é quem registra os palpites, como *longa manus* do banqueiro. Diante disso, convém registrar o entendimento sumulado do STJ, no sentido que não se exige a identificação do banqueiro e do apostador para que se viabilize a punição do intermediador.

▶ **STJ**

Súmula 51 – A punição do intermediador, no jogo do bicho, independe da identificação do "apostador" ou do "banqueiro".

3. **Sujeitos ativos.** Como esclarecido no item 2, *supra*, no tipo do art. 58 do Decreto-Lei 6259/44, temos a figura do vendedor ou banqueiro e a do comprador ou ponto. O intermediador, embora não expresso na norma penal, realiza a venda dos bilhetes e, portanto, sua conduta se assemelha à do banqueiro. Todos eles, inclusive o apostador, são autores da contravenção penal, sendo típica suas condutas.

Aplicação em concurso público:

- ***(IADES – Segurança Metroviário – Metrô – DF/2014)***

  Com relação ao Decreto-Lei no 3.688/1941, assinale a alternativa correta.

  B) Jogo de azar e jogo do bicho são considerados expressões sinônimas e que merecem idêntica reprimenda penal.

  C) O jogo do bicho é uma contravenção penal, que prevê punição tanto para quem explora a atividade ilícita como para quem participa da loteria.

  A alternativa "b" está incorreta, pois o jogo de azar e o jogo do bicho não são expressões sinônimas, cada um constituindo uma infração penal própria, o primeiro no art. 50 da LCP e o segundo no art. 58 do Dec. Lei 6259/44. A alternativa "c" está correta, porque a contravenção do jogo do bicho prevê a tipicidade tanto de quem explora a loteria ilegal quanto daquele que aposta (chamado pela norma de comprador ou ponto)

- ***(CESPE – Juiz de Direito Substituto – TJDFT/2015)***

  Cada uma das próximas opções apresenta uma situação hipotética, seguida de uma assertiva a ser julgada à luz do CP, da Lei de Juizados Especiais (Lei n.º 9.099/1995) e da legislação penal especial. Assinale a opção que apresenta a assertiva correta.

  D) Gabriel estava recolhendo, em via pública, apostas de transeuntes para o jogo de azar conhecido como jogo do bicho e, imediatamente após anotar a aposta realizada por Ângelo, foi abordado por policiais. Nessa situação, a conduta de Gabriel é tipificada como contravenção penal, ao passo que a conduta de Ângelo é caracterizada como atípica.

  A alternativa "d" está incorreta, pois o tipo do art. 58 do Decreto-Lei 6259/44 tipifica a conduta do apostador ou comprador do jogo do bicho.

4. **Tributação sobre os valores arrecadados.** O STF, por maioria, entendeu que é possível a existência de obrigação tributária decorrente da prática da contravenção do jogo do bicho. No caso, o agente fora condenado pela prática de crime contra a ordem tributária e, em

defesa, argumentava que sua conduta era atípica por inexistir obrigação tributária decorrente do jogo do bicho. Ao contrário concluiu o STF, para admitir que o réu praticou sonegação fiscal, não declarando suas receitas, mesmo que resultantes de ato contravencional. Seria mesmo contraditório o não-pagamento do imposto proveniente de ato ilegal, pois haveria locupletamento da própria torpeza em detrimento do interesse público na exação tributária.

▶ **STF**

> Informativo 637 – É possível a incidência de tributação sobre valores arrecadados em virtude de atividade ilícita, consoante o art. 118 do CTN ("Art. 118. A definição legal do fato gerador é interpretada abstraindo-se: I – da validade jurídica dos atos efetivamente praticados pelos contribuintes, responsáveis, ou terceiros, bem como da natureza do seu objeto ou dos seus efeitos; II – dos efeitos dos fatos efetivamente ocorridos"). Com base nessa orientação, a 1ª Turma conheceu parcialmente de habeas corpus e, na parte conhecida, por maioria, denegou a ordem. Na espécie, o paciente fora condenado pelo crime previsto no art. 1º, I, da Lei 8.137/1990 ("Art. 1° Constitui crime contra a ordem tributária suprimir ou reduzir tributo, ou contribuição social e qualquer acessório, mediante as seguintes condutas: I – omitir informação, ou prestar declaração falsa às autoridades fazendárias") e sustentava a atipicidade de sua conduta, porque inexistiria obrigação tributária derivada da contravenção penal do jogo do bicho (Decreto-Lei 6.259/44, art. 58). O Min. Dias Toffoli, relator, assinalou que a definição legal do fato gerador deveria ser interpretada com abstração da validade jurídica da atividade efetivamente praticada, bem como da natureza do seu objeto ou dos seus efeitos. Ressaltou que a possibilidade de tributação da renda obtida em razão de conduta ilícita consubstanciar-se-ia no princípio do *non olet*. Assim, concluiu que o réu praticara sonegação fiscal, porquanto não declarara suas receitas, mesmo que resultantes de ato contravencional. O Min. Luiz Fux aludiu ao caráter *sui generis* da teoria geral do direito tributário. Acrescentou que seria contraditório o não-pagamento do imposto proveniente de ato ilegal, pois haveria locupletamento da própria torpeza em detrimento do interesse público da satisfação das necessidades coletivas, a qual se daria por meio da exação tributária. Vencido o Min. Marco Aurélio, que concedia a ordem por entender que recolhimento de tributo pressuporia atividade legítima. Precedente citado: HC 77530/RS (DJU de 18.9.98). (HC 94240/SP, rel. Min. Dias Toffoli, 23.8.2011)

Vadiagem

Art. 59 – Entregar-se alguém habitualmente à **ociosidade**, sendo **válido para o trabalho**, sem ter renda que lhe assegure meios bastantes de subsistência, ou prover à própria subsistência mediante ocupação ilícita:

Pena – prisão simples, de quinze dias a três meses.

Parágrafo único. A aquisição superveniente de renda, que assegure ao condenado meios bastantes de subsistência, extingue a pena.

1. **Projeto de lei para revogação.** Por iniciativa do Ministro da Justiça, tramita na Câmara dos Deputados o Projeto de Lei 4.668/04, que trata da revogação do art. 59 da LCP. O projeto foi aprovado na Câmara e remetido ao Senado. Tramita no Senado Federal sob o n.º 81/2012, estando desde a última movimentação, em 06/11/2017, na Comissão de Constituição e Justiça, sob a relatoria do Senador Antônio Anastasia.

2. **Não recepcionado pela Constituição da República de 1988.** Nada obstante a tramitação do projeto de lei acima mencionado, o STF, quando enfrentou o tema da vadiagem constante como elementar do tipo no art. 25 da própria LCP foi incisivo ao reconhecer a inadequação do tipo do art. 59 da LCP face à Constituição (RE 583523/ RS). A seguir, vale mencionar os principais argumentos da tese prevalente no STF. Com efeito, nos termos do art. 59 da LCP, vadio é o sujeito que pratica a ociosidade com habitualidade, embora possuindo condições de trabalhar, não aufere renda para lhe custear a subsistência. Portanto, a norma pune o fato de alguém "entregar-se habitualmente à ociosidade, sendo válido para o trabalho". No entanto, a condição de desocupado mostra-se mais sociológica do que jurídica. Desse modo, extrai-se do voto do Min. Gilmar Mendes, no RE 583523/RS, que *"não há como deixar de reconhecer o anacronismo desse tipo contravencional. Não se pode admitir a punição do sujeito apenas pelo que ele é, mas sim pelo que ele faz, pois concluir de forma diversa seria aceitar, num Estado Democrático de Direito, o indesejado e combatido direito penal do autor. O sistema penal brasileiro tem como base o direito penal do fato, pois busca o desvalor de uma ação (ou omissão), ou seja, o agente será punido pela conduta praticada, ao contrário do que ocorre na teoria do direito penal do autor, a qual pune o agente sem a exteriorização da vontade, mas simplesmente pelo que ele é"*. Manter-se a presente contravenção como vigente, à luz do atual texto constitucional e diante da fragilidade das oportunidades geradas no contexto econômico brasileiro, é o mesmo que criminalizar a condição pessoal e financeira da pessoa e não os fatos por ela praticados e que

causem lesão a bens jurídicos. Não se pode admitir uma infração penal que privilegia o direito penal do autor em detrimento do direito penal do fato. Apenas determinadas espécies de autores restariam punidos e, justamente, os menos favorecidos, em franca oposição ao art. 5º, *caput* e inciso I, da Constituição da Republica de 1988, segundo o qual todos são iguais perante a lei, em direitos e obrigações. Trata-se, pois, de uma cláusula geral de isonomia que se traduz, dentre outras coisas, na proibição ao legislador infraconstitucional de instituir condições genéricas e discriminatórias, como ocorre na disposição em análise. A lei não pode tratar de forma desigual as pessoas por sua condição econômica e social, sendo inadmissível no atual estágio da evolução dogmática do direito penal do fato. A presente contravenção representa um modelo político-criminal não só transgressor dos princípios constitucionais da dignidade da pessoa humana e da isonomia, previstos nos artigos 1º, inciso III e 5º, caput e inciso I, da Constituição Federal.

Mendicância

Art. 60. Revogado pela Lei nº 11.983, de 16 de julho de 2009.

1. **Revogado expressamente** pela Lei nº 11.983, de 16.07.2009.

▶ **STF**

Informativo 606 – **Corrupção de menores para prática de mendicância e "abolitio criminis".** A 1ª Turma concedeu, de ofício, habeas corpus para trancar ação penal instaurada contra o paciente, pela suposta prática do crime de corrupção de menor (Lei 8.069/90, art. 224-B) e da contravenção penal de mendicância (Decreto-lei 3.688/41, art. 60). A defesa sustentava a abolitio criminis da imputação feita ao paciente, razão pela qual estaria extinta a punibilidade. Não obstante reconhecendo que a tese não teria sido aventada perante o STJ e que sua análise implicaria supressão de instância, considerou-se a particularidade do caso. Aduziu-se que o fato pelo qual estaria o paciente sendo processado seria corrupção de menores para a prática de mendicância. Entretanto, **a partir da análise do art. 224-B do Estatuto da Criança e do Adolescente, reputou-se que, para a consumação do delito nele previsto, far-se-ia necessário que o agente corrompesse ou facilitasse a corrupção de menor, com ele praticando infração penal ou induzindo-o a praticá-la. Assim, tendo em conta a revogação do art. 60 da Lei das Contravenções Penais pela Lei 11.983/2009, concluiu-se que a conduta do acusado não seria típica, visto que a**

mendicância perdera o status de infração penal. HC 103787/MG, rel. Min. Ricardo Lewandowski, 26.10.2010.

Aplicação em concurso público:

- ***(FCC – Defensor Público – DPE – PR/2017) NÃO é contravenção penal:***

  A) Importunação ofensiva ao pudor.

  B) Mendicância.

  C) Exercício ilegal da profissão.

  D) Jogo do bicho.

  E) Vadiagem.

  Resposta correta é a letra "B".

- ***(Agente de polícia – PC-AP/2017)***

  Constituem contravenções penais previstas no Decreto-Lei n° 3.688/1941:

I. Mendigar, por ociosidade ou cupidez.

O item "I" está errado.

Importunação ofensiva ao pudor

Art. 61 – Revogado pela Lei nº 13.718, de 24 de setembro de 2018.

1. **Revogado expressamente pela Lei** nº 13.718, de 24 de setembro de 2018.

Embriaguez

Art. 62 – Apresentar-se **publicamente em estado de embriaguez**, de modo que **cause escândalo** ou ponha em **perigo a segurança** própria ou alheia:

Pena – prisão simples, de quinze dias a três meses, ou multa, de duzentos mil réis a dois contos de réis.

Parágrafo único. Se habitual a embriaguez, o contraventor é internado em casa de custódia e tratamento.

1. **Análise do tipo.** "Apresentar-se" significa pôr-se diante ou na presença de outrem, expor-se à vista de outrem, mostrar-se, exibir-se. O tipo exige que esta apresentação se dê publicamente, o que afasta a incidência da norma no caso de aparição em local privado. Ao utilizar a expressão "publicamente", a lei quis se referir ao lugar público (local cujo acesso à

população é livre, sem qualquer barreira ou restrição) ou lugar acessível ao público (local particular, em que se permite a entrada das pessoas, com ou sem pagamento ou contraprestação), caracterizando o **elemento especial do tipo**.

2. **Embriaguez.** Estado causado pela ingestão de bebidas alcoólicas ou substância de efeitos análogos. Com efeito, quando a legislação penal faz referência à embriaguez, ela não se limita à embriaguez causada pela ingestão de álcool e, portanto, no caso da presente contravenção está inserida a embriaguez causada pela ingestão de outras substâncias. Por fim, vale ressaltar que o tipo não exige a habitualidade, bastando a embriaguez, ainda que esporádica. Recorde-se que a embriaguez não afasta a imputabilidade penal, na forma do art. 26 do Código Penal. Na verdade, a embriaguez preordenada, voluntária e a culposa não impede a imputabilidade. Apenas a embriaguez por caso fortuito ou força maior tem o condão de afastar a imputabilidade penal[59].

3. **Tipo doloso. *Actio libera in causa*.** Segundo a teoria da *actio libera in causa* (ação livre na causa), colocar-se em estado de embriaguez de forma livre não afasta a responsabilidade penal do agente. Com efeito, é a teoria da *actio libera in causa* que tem a tarefa de, sem violar os princípios basilares do direito penal, legitimar a aplicação de uma sanção penal àquele que age em estado de inimputabilidade. Portanto, o fato de o agente estar embriagado e, no momento da conduta, eventualmente, não ter consciência do que faz, não afasta o dolo.

4. **Elemento normativo do tipo: "de modo que cause escândalo".** Escândalo é o fato ou acontecimento que contraria e ofende sentimentos, crenças ou convenções morais, sociais ou religiosas estabelecidas; é a reação provocada por ato que viola convenções morais e regras de decoro, podendo causar desordem, tumulto, quebra de uma ordem estabelecida.

5. **Perigo concreto: "ou ponha em perigo a segurança própria ou alheia".** Note-se que nesta modalidade o tipo penal exige o perigo concreto de dano, não se admitido o mero perigo abstrato. É preciso que a conduta do agente embriagado coloque em efetivo risco a sua própria segurança ou a segurança de terceiros. A propósito, nesta modalidade, temos franca

59. Em síntese, a embriaguez preordenada é aquela em que o autor bebe para tomar coragem e cometer o crime; embriaguez voluntária é a pura vontade de embriagar-se; embriaguez culposa é a falta de cuidado na ingestão da substância inebriante; embriaguez por caso fortuito ocorre quando o agente bebe acidentalmente e; embriaguez por força maior ocorre que o agente é obrigado a beber por um terceiro.

violação do princípio da lesividade, de modo que a LCP se ocupa do fato de o autor se colocar em perigo, quando sequer há punição na esfera penal para a autolesão. Nem mesmo a tentativa de suicídio é punível. Assim, há evidente contrassenso em se punir o embriagado que não se atenta para os riscos de sua conduta, por exemplo, atravessando a rua fora do local adequado e sem as cautelas devidas. De fato, é o ápice do intervencionismo do Estado.

6. **Sujeitos ativo e passivo.** Sujeito ativo pode ser qualquer pessoa. Sujeito passivo é a coletividade e, excepcionalmente, o próprio autor. É uma raríssima (e indevida) hipótese em que sujeito ativo e passivo se confundem, no caso de autocolocação em risco.

7. **Bem jurídico protegido e objeto material.** O bem jurídico protegido é múltiplo, envolvendo os bons costumes e a integridade física de terceiros e do próprio autor. O objeto material do crime é o álcool ou a substância de efeitos análogos.

8. **Classificação.** Tipo doloso, infração penal comum (pois não exige uma qualidade especial do sujeito ativo), material, na modalidade causar escândalo (pois a consumação depende da ocorrência de resultado naturalístico, qual seja o escândalo) e formal na modalidade colocar em perigo a segurança própria ou de terceiros (pois a norma descreve a conduta e o resultado, mas a consumação ocorre com a simples exposição a perigo; se o dano vier a ocorrer, trata-se de mero exaurimento), de forma livre (pois a norma não exige modo específico para realização do tipo), comissiva (praticada mediante uma ação), instantânea (momento consumativo determinado), unissubjetiva (pode ser praticada por uma única pessoa), plurissubsistente (pode ser praticada em mais de um ato).

9. **Referência ao valor da multa.** Na forma do art. 2.º da Lei 7.209/84, que alterou a parte geral do Código Penal, ficaram canceladas na legislação especial quaisquer referências a valores de multas, substituindo-se a expressão "multa de" por "multa". Aplica-se a regra do Código Penal quanto à aplicação da pena de multa.

10. **Inaplicabilidade do parágrafo único.** A norma parte do pressuposto de que a embriaguez habitual seria uma espécie de transtorno mental e, por isso passível de internação. Com efeito, a mera habitualidade no consumo de bebida alcoólica ou outra substância semelhante não configura, necessariamente, hipótese de doença psiquiátrica. Ademais, a reforma de 1984 abandonou o sistema do "duplo binário", quando era possível a aplicação de medida de segurança e pena em relação ao mesmo fato. Adota-se atualmente o sistema "vicariante", reservando-se aos inimputáveis a aplicação de medida de segurança e aos imputáveis,

a aplicação de pena. Assim, se a ingestão da substância se revela como um problema de saúde mental, gerando a inimputabilidade, o caso será de aplicação de medida de segurança, segundo as normas do Código Penal, quando o bêbado vier a praticar qualquer infração penal. Se não for esta a hipótese, de modo algum poderá prevalecer a aplicação do parágrafo único do art. 62 da LCP e, eventual imposição de tratamento deve observar as disposições da Lei 10.216/01, que trata da proteção e os direitos das pessoas portadoras de transtornos mentais e redireciona o modelo assistencial em saúde mental, estabelecendo as espécies de internação e os requisitos mínimos para tanto. Obviamente, se for o caso de internação por ordem judicial, isso não se dará na esfera penal.

Bebidas alcoólicas

Art. 63 – Servir **bebidas alcoólicas**:

I – (Revogado pela Lei nº 13.106, de 2015)

II – a quem se acha em estado de **embriaguez**;

III – a pessoa que o agente sabe sofrer das **faculdades mentais**;

IV – a pessoa que o agente sabe estar judicialmente **proibida de frequentar lugares onde se consome bebida de tal natureza:**

Pena – prisão simples, de dois meses a um ano, ou multa, de quinhentos mil réis a cinco contos de réis.

1. **Núcleo do tipo.** "Servir", no contexto do tipo, significa colocar à disposição, oferecer a bebida alcoólica. Note-se que não se trata de qualquer substância inebriante e, por isso, em homenagem ao princípio da reserva legal, apenas servir bebida alcoólica configura o tipo. Bebida alcoólica é aquela que contém em sua composição o etanol.

2. **Inciso I – expressamente revogado.** Tratava do servir bebidas alcoólicas para menores e foi expressamente revogado pela Lei 13.106/15. A questão foi tratada como crime no art. 243 do Estatuto da Criança e do Adolescente[60].

60. Art. 243 – Vender, fornecer, servir, ministrar ou entregar, ainda que gratuitamente, de qualquer forma, a criança ou a adolescente, bebida alcoólica ou, sem justa causa, outros produtos cujos componentes possam causar dependência física ou psíquica: Pena – detenção de 2 (dois) a 4 (quatro) anos, e multa, se o fato não constitui crime mais grave (Redação dada pela Lei nº 13.106, de 2015).

Aplicação em concurso público:

- ***(Agente de polícia – PC-AP/2017)***

  Constituem contravenções penais previstas no Decreto-Lei n° 3.688/1941:

  III. Servir bebidas alcoólicas a criança ou adolescente.

  O item "III" está incorreto

3. **Incisos II, III e IV – Sujeitos passivos.** Exige a figura típica que a bebida alcoólica seja servida a quem se acha em estado de embriaguez (ou seja, já está inebriado pelo uso excessivo de álcool), a quem o agente sabre sofrer das faculdades mentais, (ou seja, sofrer de doença mental que lhe suprima ou reduza a capacidade de compreensão e resistência) ou a quem o agente sabe estar impedido judicialmente de frequentar lugares onde se consome bebida alcoólica (como nos casos da pena restritiva de direito consistente na proibição de frequentar determinados lugares, do art. 47 do CP). Sobre esta última, vale registrar que é praticamente uma unanimidade nas decisões do judiciário, quando da substituição da pena privativa de liberdade pela restritiva de direitos, a imposição da proibição de frequentar bares, botecos, botequins, casas noturnas, prostíbulos e ambientes congêneres. Com efeito, a realidade revela que, diante da fragilidade de fiscalização do Estado quanto à presente contravenção, provavelmente, não há um dono de boteco que não a tenha, um dia, praticado.

4. **Elemento subjetivo. Dolo.** Note-se que o tipo penal, no que se refere aos incisos III e IV é expresso ao fixar que o agente deve saber da condição do sujeito passivo (doente mental ou impedido de frequentar o local). Se o agente não sabe, não há que se falar na presente contravenção. Embora silente o legislador, considerando a necessidade de que haja dolo na conduta do agente, evidentemente, no caso do inciso II, deve também ter ele ciência de que o indivíduo para o qual serve a bebida está já embriagado.

5. **Sujeitos ativo e passivo.** Sujeito passivo é a coletividade e, também, a pessoa embriagada, o doente mental e o que está impedido de frequentar o local onde se consome a bebida alcoólica. Sujeito ativo pode ser qualquer pessoa. No entanto, ao contrário, há quem entenda que apenas proprietários de estabelecimentos com acesso ao público, onde é servida bebida alcoólica, podem ser sujeitos ativos do crime. Argumentam que o objeto de proteção da norma são os bons costumes, estando o tipo inserido no capítulo que trata da "polícia de costumes" e, como tal, apenas faz sentido a disposição em se tratando de local de acessível ao público, sendo que o sujeito ativo serve a bebida no exercício de

sua atividade comercial. Não cabe ao intérprete restringir o âmbito de aplicação da norma quando o silêncio do legislador é eloquente. Com efeito, quando o legislador quis se referir, na LCP, ao local público ou acessível ao público, o fez expressamente. Se no presente tipo penal não tratou expressamente da questão, não cabe fazer a interpretação restritiva.

6. **Bem jurídico protegido e objeto material.** O bem jurídico protegido são bons costumes e o objeto material é o embriagado, o doente mental e o que está impedido de frequentar o local onde se consome bebida alcoólica.

7. **Classificação.** Tipo doloso, infração penal comum (pois não exige uma qualidade especial do sujeito ativo), mera conduta (pois a consumação independe da ocorrência de resultado naturalístico, que sequer está descrito na norma), de forma livre (pois a norma não exige modo específico para realização do tipo), comissiva (praticada mediante uma ação), instantânea (momento consumativo determinado), unissubjetiva (pode ser praticada por uma única pessoa), plurissubsistente (pode ser praticada em mais de um ato).

8. **Referência ao valor da multa**. Na forma do art. 2.º da Lei 7.209/84, que alterou a parte geral do Código Penal, ficaram canceladas na legislação especial quaisquer referências a valores de multas, substituindo-se a expressão "multa de" por "multa". Aplica-se a regra do Código Penal quanto à aplicação da pena de multa.

Crueldade contra animais

Art. 64 – Tratar **animal** com **crueldade** ou submetê-lo a **trabalho excessivo**:

Pena – prisão simples, de dez dias a um mês, ou multa, de cem a quinhentos mil réis.

§ 1º Na mesma pena incorre aquele que, embora para **fins didáticos ou científicos**, realiza em lugar público ou exposto ao publico, experiência dolorosa ou cruel em animal vivo.

§ 2º Aplica-se a pena com aumento de metade, se o animal é submetido a trabalho excessivo ou tratado com crueldade, em **exibição ou espetáculo público.**

1. **Análise do tipo.** "Tratar" significa cuidar, manusear. Animal é o ser vivo irracional dotado da capacidade de movimentação. Crueldade

é característica ou condição de ser cruel, relacionado ao prazer em fazer o mal, à impiedade, à maldade. Tratar com crueldade é tratar com indiferença quanto ao sofrimento impingido, é impor sofrimento desnecessário ao fim que se pretende alcançar. "Submetê-lo" é impor-lhe, obrigá-lo, exigir-lhe. Trabalho excessivo é aquele em que, seja pela quantidade, seja pela qualidade, é inadequado ao tipo e porte do animal, a se caracterizar, no caso, como cruel. A impressão é de que a primeira conduta descrita no tipo se refere ao tratamento dispensado aos animais de estimação (gatos, cachorros, aves, etc.) e a segunda conduta se dirige a animais de carga, utilizados na lida, no trabalho (cavalos, burros, gado, etc.).

2. **Elementos normativos do tipo. "Crueldade" e "trabalho excessivo".** Embora tenhamos a dimensão do que seja crueldade e trabalho excessivo, inclusive com as definições sugeridas no item supra, verdade é o significado de tais expressões carregam certa subjetividade, já que seus limites podem variar de acordo com vários fatores. Assim, a análise do caso concreto é fundamental.

3. **Estado de necessidade. Animais perigosos ou nocivos. Não se encontra** no âmbito de proteção da norma o ataque dirigido a animais nocivos quando estes colocam em risco a integridade física, a saúde ou a vida do agente. De fato, um cão feroz que dirige sua violência contra uma pessoa, pode ser atacado. Evidentemente, não é o caso de legitima defesa, mas hipótese clara de estado de necessidade. Da mesma forma, a defesa ao ataque de um animal peçonhento, ou a repulsa à invasão de um rato que, além do asco que costuma gerar, pode transmitir doenças.

4. **Conflito aparente de normas. Princípio da Especialidade.** A Lei 9.605/98 que cuida dos crimes ambientais tipifica, em seu art. 32, a conduta de "*praticar ato de abuso, maus-tratos, ferir ou mutilar animais silvestres, domésticos ou domesticados, nativos ou exóticos*", cominando a pena de detenção, de três meses a um ano, e multa. No entanto, o aparente conflito com a norma do art. 64 da LCP se resolve pelo princípio da especialidade, na medida em que a norma da Lei dos Crimes Ambientais tem um elemento especializante em relação à norma da LCP. É que a norma ambiental se refere especialmente aos *animais silvestres,* ainda que criados no ambiente doméstico, como um papagaio, ou domesticados, como uma onça ou um leão que, amansados, vivem em cativeiro. Assim, a norma ambiental não se refere aos cães, gatos, cavalos, burros, gado.

5. **Sujeitos ativo e passivo.** Sujeito passivo é a coletividade. Sujeito ativo pode ser qualquer pessoa.

6. **Bem jurídico protegido e objeto material.** O bem jurídico protegido são bons costumes e o objeto material é o animal.

7. **Classificação.** Tipo doloso, infração penal comum (pois não exige uma qualidade especial do sujeito ativo), formal (pois a consumação independe da ocorrência de resultado naturalístico), de forma livre (pois a norma não exige modo específico para realização do tipo), comissiva (praticada mediante uma ação), instantânea (momento consumativo determinado), unissubjetiva (pode ser praticada por uma única pessoa), plurissubsistente (pode ser praticada em mais de um ato).

8. **Referência ao valor da multa.** Na forma do art. 2.º da Lei 7.209/84, que alterou a parte geral do Código Penal, ficaram canceladas na legislação especial quaisquer referências a valores de multas, substituindo-se a expressão "multa de" por "multa". Aplica-se a regra do Código Penal quanto à aplicação da pena de multa.

9. **Fins didáticos ou científicos.** O parágrafo primeiro do artigo em análise esclarece que, ainda que para fins didáticos ou científicos, não se pode realizar, em lugar público ou exposto ao público, experiência dolorosa ou cruel em animal vivo, sob pena de incidir nas mesmas penas do *caput*. Sobre isso, a Lei 11.794/08 estabelece os procedimentos para o uso científico de animais e, dentre outras coisas, limita a realização de experimento com animais a estabelecimentos de ensino superior e estabelecimentos de educação profissional técnica de nível médio da área biomédica.

10. **Causa de aumento de pena (§2.º).** Aumenta-se a pena na metade se o animal é submetido a trabalho excessivo ou tratado com crueldade, em exibição ou espetáculo público. Com efeito, considerando o maior desvalor da conduta, o legislador entendeu que a pena de quem pratica maus tratos aos animais durante exibição em espetáculo deve ser maior do que a de quem pratica a mesma conduta em ambiente restrito.

Perturbação da tranquilidade

Art. 65 – Molestar alguém ou lhe **perturbar** a tranquilidade, por **acinte ou por motivo reprovável**:

Pena – prisão simples, de quinze dias a dois meses, ou multa, de duzentos mil réis a dois contos de réis.

1. **Análise do tipo.** "Molestar" significa amolar, incomodar, importunar alguém. "Perturbar" é causar agitação, desequilíbrio ou desordem, é

fazer perder a serenidade ou o controle. Acinte é a ação praticada com premeditação, de caso pensado, a fim de contrariar, desgostar ou ofender alguém; é a provocação. Motivo reprovável é o motivo condenável, injustificável.

2. **Conflito com a perturbação do sossego (art. 42, LCP).** Na perturbação do sossego (art. 42, LCP), a perturbação afeta um número indeterminado de pessoas. Na perturbação da tranquilidade, as pessoas afetadas pela conduta são poucas e certas, de modo que a conduta do agente visa tirar a paz e o sossego de uma ou algumas pessoas específicas.

Aplicação em concurso público:

- ***(MPE-PR – Promotor de Justiça – MPE – PR/2014)***

  Sobre as previsões típicas penais do Decreto-Lei nº 3.668/41, é incorreto afirmar que:

  B) A distinção entre as contravenções de perturbação do sossego alheio (art. 42) e perturbação da tranquilidade (art. 65), reside no fato de que a realização da contravenção do art. 42, da LCP, perturba o sossego de um número determinado de pessoas e a do art. 65, a tranquilidade de pessoas indeterminadas;

  A alternativa está errada, pois é justamente o contrário. Está alternativa seria, portanto, a resposta da questão.

3. **Sujeitos ativo e passivo.** Sujeito passivo é a pessoa molestada. Sujeito ativo pode ser qualquer pessoa.

4. **Bem jurídico protegido e objeto material.** O bem jurídico protegido é a tranquilidade alheia e o objeto material é a pessoa molestada.

5. **Classificação.** Tipo doloso, infração penal comum (pois não exige uma qualidade especial do sujeito ativo), de mera conduta (pois a consumação independe da ocorrência de resultado naturalístico, que sequer está descrito), de forma livre (pois a norma não exige modo específico para realização do tipo), comissiva (praticada mediante uma ação), instantânea (momento consumativo determinado), unissubjetiva (pode ser praticada por uma única pessoa), plurissubsistente (pode ser praticada em mais de um ato).

6. **Referência ao valor da multa.** Na forma do art. 2.º da Lei 7209/84, que alterou a parte geral do Código Penal, ficaram canceladas na legislação especial quaisquer referências a valores de multas, substituindo-se a expressão "multa de" por "multa". Aplica-se a regra do Código Penal quanto à aplicação da pena de multa.

7. **Beijo roubado ou beijo forçado.** Atualmente, os tribunais superiores são divergentes quanto à interpretação da situação em que o agente beija a vítima contra a vontade desta. O STJ, enfrentando o caso, entendeu pela hipótese do crime de estupro, argumentando, entre outras coisas, que o agente atuou com violência reveladora da ofensa à dignidade sexual da vítima. Vale a leitura do informativo abaixo colacionado para compreensão do tema. Por sua vez, a Primeira Turma do STF, enfrentando o tema, discute a desclassificação do crime de atentado violento ao pudor, vigente à época do fato, (art. 214, CP) para a contravenção de perturbação da tranquilidade (art. 65, LCP). O paciente foi condenado, em primeira instância, pela prática do delito previsto no art. 214 do CP por ter derrubado a vítima no chão e tentado beijá-la à força. A defesa alegou a desproporcionalidade entre os fatos ocorridos e a sanção imposta. O Min. Marco Aurélio (relator) deferiu a ordem para desclassificar a conduta para a contravenção em análise. Ressaltou que o atentado violento ao pudor, hoje enquadrado no tipo penal de estupro, deve ser reservado a situações de maior gravidade. Pediu vista o Min. Roberto Barroso e o julgamento foi suspenso.

▶ **STJ**

> **Informativo 592** – Tratou-se de recurso especial em que se apontou, entre outras questões, a negativa de vigência ao art. 213, § 1º, do CP, ao fundamento de que a Corte a quo negou as premissas fáticas delineadas nos autos, para entender que não houve o estupro circunstanciado. Nesse sentido, o recorrente insistiu que a conclusão adotada era incompatível com a narrativa, pois teria descrito todos os elementos do delito em comento, mas se negado a aplicar a respectiva pena. Isso porque se teria comprovada, de forma inequívoca, a violência reveladora da ofensa à dignidade sexual da vítima, não havendo que se falar apenas em "beijo roubado". O aresto impugnado informou que o réu abordou de forma violenta e sorrateira a vítima – adolescente de 15 anos – com a intenção de satisfazer sua lascívia, o que ficou demonstrado por sua declarada intenção de "ficar" com a jovem e pela ação de lhe impingir, à força, um beijo libidinoso, após ser derrubada ao solo e mantida subjugada pelo agressor, que a imobilizou pressionando o joelho sobre seu abdômen. A agressão sexual somente não prosseguiu porque o recorrido percebeu a aproximação de indivíduos em uma motocicleta. Sem embargo, o Tribunal estadual emprega argumentação que reproduz o que se identifica como a cultura do estupro, ou seja, a aceitação como natural da violência sexual contra as mulheres, em odioso processo de objetificação do corpo feminino. Reproduzindo pensamento patriarcal e sexista, ainda muito presente em nossa sociedade, a Corte de origem entendeu que

o ato não passou de um "beijo roubado". A propósito, deve-se ter em mente que estupro é um ato de violência (e não de sexo). Busca-se, sim, a satisfação da lascívia por meio de conjunção carnal ou atos diversos, como na espécie, mas com intuito de subjugar, humilhar, submeter a vítima à força do agente, consciente de sua superioridade física. Consoante já consolidado pelo STJ, o ato libidinoso diverso da conjunção carnal, que caracteriza o crime de estupro, ao lado da conjunção carnal, inclui "toda ação atentatória contra o pudor praticada com o propósito lascivo, seja sucedâneo da conjunção carnal ou não, evidenciando-se com o contato físico entre o agente e a vítima durante o apontado ato voluptuoso" (AgRg REsp n. 1.154.806-RS, Rel. Ministro Sebastião Reis Júnior, 6ª T., DJe 21/3/2012). Acrescento que toda a violência narrada foi desconsiderada para dar lugar à revitimização da adolescente abusada, bem como ao apoio à cultura permissiva da invasão à liberdade sexual, em regra, contra as mulheres. Em verdade, o ato narrado nos autos não foi punido por não ser considerado grave, o que, a meu ver, atenta contra a razão e o bom senso. Fez-se uma avaliação da realidade na visão do agente e não na da vítima. Se tomada a ofendida como referência, diversa seria a conclusão acerca da efetiva satisfação da lascívia, assim como da efemeridade da violência. Para quem sofre abusos de natureza sexual, as marcas podem ter duração eterna. A retórica perpetrada pela Corte local desconsidera, totalmente, a vontade da vítima e a submete, em completa passividade, às investidas sexuais dos agentes dos crimes dessa natureza. Ou seja, para o tribunal de origem pouco importaram a ausência do consentimento e a súplica da vítima para o réu cessar as violentas investidas tendentes, sim, à satisfação da lascívia do agressor. A prevalência desse pensamento ruboriza o Judiciário e não pode ser tolerada.

▶ STF

Informativo 907 – A Primeira Turma iniciou julgamento de "habeas corpus" em que se discute a desclassificação do crime de atentado violento ao pudor, previsto no art. 214 do CP, redação anterior à Lei 12.015/2009, para a contravenção de perturbação da tranquilidade (art. 65, LCP). O paciente foi condenado, em primeira instância, pela prática do delito previsto no art. 214 do CP por ter derrubado a vítima no chão e tentado beijá-la à força. A defesa alega desproporcionalidade entre os fatos ocorridos e a sanção imposta. O ministro Marco Aurélio (relator) deferiu a ordem a fim de desclassificar a conduta para a prevista no art. 65 da Lei das Contravenções Penais (LCP). Ressaltou que o atentado violento ao pudor, hoje enquadrado no tipo penal de estupro, deve ser reservado a situações de maior gravidade. Assim, deve-se tomar de empréstimo, sempre que possível, o tipo previsto no art. 65 da LCP para os casos de menor gravidade. Em seguida, com o pedido de vistas do ministro Roberto Barroso, o julgamento foi suspenso. HC 128588/SP, rel. Min. Marco Aurélio, julgamento em 19.6.2018. (HC-128588)

7. **Lei 13.718/18 e o beijo roubado.** Com o advento da Lei 13.718/18, que entrou em vigor no dia 24 de setembro de 2018, a situação do beijo roubado ou beijo forçado terá seus contornos definidos de forma diferente, de acordo com o que ficar decidido pelo STF. Isso porque, se prevalecer a tese de que a conduta se amolda ao tipo do art. 213 ou revogado art. 214, ambos do CP, a Lei 13.718/18 será uma espécie de *novatio legis in melius*, na medida em que criou o tipo do art. 215-A, que trata da importunação sexual[61] e, portanto, deverá retroagir para beneficiar o agente. Por outro lado, entendendo o STF que se trata da contravenção do art. 65 da LCP, a nova lei será pior para o agente e não poderá se aplicar ao caso, sob pena de retroatividade *in pejus.* Questão interessante é que, se a vítima do beijo roubado for maior de idade, após o advento da Lei 13.718/18, a hipótese será de importunação sexual do novo art. 215-A, do CP. Se a vítima forma maior de 14 e menor de 18 anos, o caso reclama a aplicação do art. 213, § 1.º do CP[62]. Mas se a vítima for menor de idade, a adequação típica se dará na figura do art. 217-A, que trata do estupro de vulnerável[63].

CAPÍTULO VIII
DAS CONTRAVENÇÕES REFERENTES À ADMINISTRAÇÃO PÚBLICA

Omissão de comunicação de crime

Art. 66 – Deixar de comunicar à autoridade competente:

I – **crime de ação pública**, de que teve conhecimento **no exercício de função pública**, desde que a ação penal **não dependa de representação;**

II – **crime de ação pública,** de que teve conhecimento **no exercício da medicina** ou de outra profissão sanitária, desde que a **ação penal não dependa**

61. Art. 215-A – Praticar contra alguém e sem a sua anuência ato libidinoso com o objetivo de satisfazer a própria lascívia ou a de terceiro: Pena - reclusão, de 1 (um) a 5 (cinco) anos, se o ato não constitui crime mais grave.
62. Art. 213 – [...] § 1.º - Se da conduta resulta lesão corporal de natureza grave ou se a vítima é menor de 18 (dezoito) ou maior de 14 (catorze) anos: Pena - reclusão, de 8 (oito) a 12 (doze) anos.
63. Art. 217-A – Ter conjunção carnal ou praticar outro ato libidinoso com menor de 14 (catorze) anos: Pena - reclusão, de 8 (oito) a 15 (quinze) anos.

de representação e a comunicação não exponha o cliente a procedimento criminal:

Pena – multa, de trezentos mil réis a três contos de réis.

1. **Análise do tipo.** "Deixar de" é o não fazer e, no caso do tipo em questão, é o não fazer a comunicação, ou seja, não informar à autoridade sobre a ocorrência de um crime. A autoridade competente para apurar a prática de crime é o delegado ou o promotor de justiça. No entanto, admitimos que, comunicada a Polícia Militar, afastada está a ocorrência da contravenção.

2. **Crimes de ação penal pública incondicionada.** Exige o tipo, tanto no inciso I, quando no inciso II, que o crime de que se teve ciência seja de ação penal pública incondicionada. Com efeito, tratando-se de ação penal pública condicionada ou de ação penal privada, a comunicação seria inútil, se o ofendido não manifestar o interesse na persecução penal do autor do crime.

3. **Sigilo médico.** A não comunicação de crime, ainda que de ação penal pública, praticado por paciente e confessado ao médico ou outro profissional sanitário, não configura a contravenção, estando a informação protegida pelo sigilo profissional. O médico não está obrigado a fazer a comunicação à autoridade sobre fatos que dizem respeito ao seu paciente e capazes de gerar um procedimento criminal. Na verdade, existem profissões em que há dever de sigilo quanto às informações recebidas, sendo que, inclusive, tais profissionais são proibidos de prestar depoimento, na forma do art. 207 do CPP.

4. **Sujeitos ativo e passivo.** Sujeito passivo é o Estado. Sujeito ativo é o funcionário público ou o profissional da medicina ou sanitário.

5. **Bem jurídico protegido e objeto material.** O bem jurídico protegido é a administração pública e o objeto material é o crime ocultado.

6. **Classificação.** Tipo doloso, infração penal própria (pois exige uma qualidade especial do sujeito ativo), de mera conduta (pois a consumação independe da ocorrência de resultado naturalístico, que sequer está descrito), de forma livre (pois a norma não exige modo específico para realização do tipo), omissiva (praticada mediante uma inação), instantânea (momento consumativo determinado), unissubjetiva (pode ser praticada por uma única pessoa), unissubsistente (praticada em um único ato).

Aplicação em concurso público:

- ***(MPE-PR – Promotor de Justiça – MPE – PR/2014)***

  Sobre as previsões típicas penais do Decreto-Lei nº 3.668/41, é incorreto afirmar que:

  D) Quanto ao sujeito ativo, a omissão de comunicação de crime é definida como contravenção própria, ou seja, só pode ser cometida por funcionário público no exercício da função, ou por profissional no exercício da medicina;

  A alternativa está correta.

- ***(IADES – Segurança Metroviário – Metrô – DF/2014)***

  Mévio, segurança metroferroviário de uma companhia de metrô, em sua jornada de trabalho presenciou um indivíduo subtraindo a bolsa de uma senhora. Como estava sozinho, decidiu pedir ajuda a outros colegas com o objetivo de prender o transgressor. Infelizmente, não houve tempo hábil para tanto e o suspeito fugiu do local com a bolsa da vítima. Inconformado por não ter prendido o infrator, Mévio achou melhor não comunicar o episódio à autoridade competente. Acerca desse caso hipotético, assinale a alternativa correta em relação ao comportamento adotado por Mévio.

  A) Mévio não poderá ser responsabilizado criminalmente, já que envidou os esforços necessários para prender o transgressor.

  B) Mévio poderá ser responsabilizado pelo crime de omissão de comunicação de crime.

  C) No caso em tela, a conduta de Mévio constitui uma contravenção penal apenada com multa.

  D) Caso o crime presenciado por Mévio fosse de ação penal privada, ainda assim haveria a obrigatoriedade de comunicar o crime à autoridade competente.

  E) Mévio poderá ser responsabilizado administrativamente, mas a responsabilidade penal dele não será cogitada.

  A alternativa "C" está correta. Na alternativa "B", o fato não constitui crime, mas apenas contravenção. Na alternativa "D", sendo de ação privada, não há obrigatoriedade de comunicação. Na alternativa "E", poderá haver responsabilização criminal pela contravenção.

7. **Referência ao valor da multa.** Na forma do art. 2.º da Lei 7.209/84, que alterou a parte geral do Código Penal, ficaram canceladas na legislação especial quaisquer referências a valores de multas, substituindo-se a expressão "multa de" por "multa". Aplica-se a regra do Código Penal quanto à aplicação da pena de multa.

Inumação ou exumação de cadáver

Art. 67 – Inumar ou **exumar cadáver**, com infração das disposições legais:

Pena – prisão simples, de um mês a um ano, ou multa, de duzentos mil réis a dois contos de réis.

1. **Núcleo do tipo.** "Inumar" é sepultar, enterrar. "Exumar" é retirar da sepultura, desenterrar. Cadáver é o corpo humano que perdeu a vida.

2. **Norma pena em branco.** O tipo penal se refere ao fato de que a inumação ou exumação devem ser praticadas com *"infração das disposições legais"*. A norma que rege o sepultamento após a morte é a Lei 6.015/73, disciplinando, em seu art. 77, as exigências para o sepultamento[64].

3. **Conflito com os crimes dos arts. 210 e 211 do CP.** Os tipos dos arts. 210 e 211 do CP tratam, respectivamente, da Violação de sepultura e da Ocultação de cadáver. A questão se resolve pelo dolo do agente. Na presente contravenção, o dolo é de enterrar ou exumar sem a observância da legislação. Nos crimes referidos, o dolo é de profanar a sepultura ou ocultar o cadáver.

Aplicação em concurso público:

- ***(FUNCAB – Investigador de Polícia – PJC – MT/2014)***

  Anfrosina inumou o cadáver do seu filho recém-nascido em um cemitério, com infração das disposições legais, visando impedir que terceiros tivessem conhecimento da sua vida irregular. Portanto:

  A) obrou no delito de ocultação de cadáver.

  B) obrou na infração penal de vilipêndio a cadáver.

  C) praticou uma contravenção penal referente à Administração Pública.

---

64. Art. 77 – Nenhum sepultamento será feito sem certidão do oficial de registro do lugar do falecimento ou do lugar de residência do de cujus, quando o falecimento ocorrer em local diverso do seu domicílio, extraída após a lavratura do assento de óbito, em vista do atestado de médico, se houver no lugar, ou em caso contrário, de duas pessoas qualificadas que tiverem presenciado ou verificado a morte.
§ 1º Antes de proceder ao assento de óbito de criança de menos de 1 (um) ano, o oficial verificará se houve registro de nascimento, que, em caso de falta, será previamente feito.
§ 2º A cremação de cadáver somente será feita daquele que houver manifestado a vontade de ser incinerado ou no interesse da saúde pública e se o atestado de óbito houver sido firmado por 2 (dois) médicos ou por 1 (um) médico legista e, no caso de morte violenta, depois de autorizada pela autoridade judiciária.

D) praticou o crime de violação de sepultura.

E) não praticou infração penal.

Resposta correta está na alternativa "c".

4. **Sujeitos ativo e passivo.** Sujeito passivo é o Estado. Sujeito ativo pode ser qualquer pessoa.

5. **Bem jurídico protegido e objeto material.** O bem jurídico protegido é a administração pública e o objeto material é o cadáver.

6. **Classificação.** Tipo doloso, infração penal comum (pois não exige uma qualidade especial do sujeito ativo), de material (pois a consumação depende da ocorrência de resultado naturalístico, ou seja, da inumação ou exumação), de forma livre (pois a norma não exige modo específico para realização do tipo), comissiva (praticada mediante uma ação), instantânea (momento consumativo determinado), unissubjetiva (pode ser praticada por uma única pessoa), plurissubsistente (pode ser praticada em mais de um ato).

Recusa de dados sobre a própria identidade ou qualificação

Art. 68 – Recusar à autoridade, quando por esta, justificadamente solicitados ou exigidos, **dados ou indicações** concernentes à própria **identidade, estado, profissão, domicílio e residência**:

Pena – multa, de duzentos mil réis a dois contos de réis.

Parágrafo único. Incorre na pena de prisão simples, de um a seis meses, e multa, de duzentos mil réis a dois contos de réis, **se o fato não constitui infração penal mais grave**, quem, nas mesmas circunstâncias, faz **declarações inverídicas** a respeito de sua identidade pessoal, estado, profissão, domicílio e residência.

1. **Análise do tipo.** "Recusar", no tipo em análise, significa não conceder ou fornecer. Autoridade é funcionário público com poder de polícia. As informações que devem ser negadas à autoridade são as relacionadas à própria identidade do agente, ao seu estado civil, à sua profissão, e ao endereço de seu domicílio ou residência. Logicamente, a exigência de tais informações deve se justificar, não podendo o agente do estado exigir, ao seu bel prazer, informações das pessoas. Com efeito, entendemos que tais informações devam ser relevantes para o próprio Estado, atuando a autoridade, portanto, no exercício de seu mister.

2. **Recusa de fornecimento de dados pela testemunha de um crime.** Entendemos que, diante da fragilidade do Estado em proteger as testemunhas de um crime, bem como, diante dos níveis de violência na sociedade brasileira, nesta hipótese, dependendo do crime e do grau de periculosidade de seus autores, é inexigível da testemunha outra conduta, de modo que se afasta a culpabilidade. Ainda, se formos mais rigorosos, numa hipótese limite em que a vida da testemunha corre efetivo risco, não seria impróprio se afastar a ilicitude da conduta, porquanto a recusa se deu em estado de necessidade.
3. **Recusa de fornecimento de dados pelo autor de um crime.** Configura o direito constitucional de não fazer prova contra si mesmo. Não se pode exigir do agente que forneça seus dados viabilizando sua prisão. Obviamente, que não fornecidos os dados, poderá ser feita a identificação criminal, na forma da Lei 12.037/09, providencia que incumbe ao Estado. Mas não poderá o agente responder pela presente contravenção. Não se trata, evidentemente, de o agente atribuir-se falsa identidade, pois assim praticará o crime do art. 307 do CP[65].

Aplicação em concurso público:

- ***(Promotor de Justiça - MPSP/2017)***

  A conduta do acusado que, ao ser preso por prática de crime contra o patrimônio, se atribui falsa identidade, constitui

  A) contravenção penal relativa à recusa de fornecimento de dados à autoridade.

  B) fato atípico, porém antijurídico.

  C) crime de falsa identidade.

  D) fato impunível, pois tal conduta é amparada pelo exercício do direito de defesa.

  E) circunstância agravante do crime de roubo.

  Resposta: Letra C

4. **Conflito de normas. Crime de desobediência (art. 330, CP).** A jurisprudência e a doutrina pátria já assentou o entendimento de que não há crime de desobediência quando o descumprimento da ordem legal emanada pelo funcionário público acarreta outras consequências ou

65. Art. 307 – Atribuir-se ou atribuir a terceiro falsa identidade para obter vantagem, em proveito próprio ou alheio, ou para causar dano a outrem:
Pena – detenção, de três meses a um ano, ou multa, se o fato não constitui elemento de crime mais grave.

sanções ao desobediente. Assim, a recusa em fornecer dados de identificação gera a possibilidade de se obrigar a pessoa a se submeter à identificação criminal. Entendemos que a hipótese não poderia configurar o crime de desobediência, restando apenas a presente contravenção do art. 68 da LCP.

5. **Sujeitos ativo e passivo.** Sujeito passivo é o Estado. Sujeito ativo pode ser qualquer pessoa.

6. **Bem jurídico protegido e objeto material.** O bem jurídico protegido é a administração pública e o objeto material é a qualificação pessoal.

7. **Classificação.** Tipo doloso, infração penal comum (pois não exige uma qualidade especial do sujeito ativo), de mera conduta (pois a consumação independe da ocorrência de resultado naturalístico), de forma livre (pois a norma não exige modo específico para realização do tipo), omissiva (praticada mediante um não fazer), instantânea (momento consumativo determinado), unissubjetiva (pode ser praticada por uma única pessoa), unissubsistente (praticada em ato único).

8. **Forma qualificada. Declarações inverídicas.** O parágrafo único do tipo em análise, tipifica ainda a conduta de quem, nas mesmas circunstâncias do *caput*, faz declarações inverídicas a respeito de sua identidade pessoal, estado, profissão, domicílio e residência. A expressão "nas mesmas circunstâncias", assim como no *caput* ocorre quando as informações são justificadamente solicitadas ou exigidas pela autoridade. Trata-se de forma qualificada do delito, porquanto o legislador estabeleceu uma pena mais alta, entendendo haver maior desvalor na conduta de quem presta declarações inverídicas sobre sua identidade pessoal, estado, profissão, domicílio e residência.

    8.1. Subsidiariedade expressa. Expressamente o tipo qualificado consigna que apenas terá aplicação caso a conduta por ele descrita não configure infração penal mais grave. Assim, trata-se de tipo subsidiário em relação a outras infrações penais, as quais podemos citar, como exemplo, a falsidade ideológica (art. 299, CP) ou a falsa identidade (art. 307, CP), sem prejuízo de outros crimes que o caso concreto possa revelar.

9. **Contravenção de retenção do documento de identificação pessoal.** A título de informação, a Lei 5.553/68 traz a contravenção de retenção do documento de identificação pessoal. *Quando o documento de identidade for indispensável para a entrada de pessoa em órgãos públicos ou particulares, serão seus dados anotados no ato e devolvido o documento imediatamente ao interessado* (disposição incluída pela Lei nº 9.453/97). Por sua vez, o art. 3º estabelece que *constitui contravenção*

penal, punível com pena de prisão simples de 1 (um) a 3 (três) meses ou multa de NCR$ 0,50 (cinqüenta centavos) a NCR$ 3,00 (três cruzeiros novos), a retenção de qualquer documento a que se refere esta Lei e o parágrafo único do mesmo artigo deixa claro que *Quando a infração for praticada por preposto ou agente de pessoa jurídica, considerar-se-á responsável quem houver ordenado o ato que ensejou a retenção, a menos que haja , pelo executante, desobediência ou inobservância de ordens ou instruções expressas, quando, então, será este o infrator.*

Aplicação em concurso público:

- ***(Técnico Judiciário – Segurança - TRT – 15.ª Região/2018)***

  Funcionário público da prefeitura do município X, exercendo as funções de recepcionista, seguindo ordem do Chefe de Gabinete do Prefeito, retém documento de identificação pessoal para o acesso à visitação da exposição promovida pela Secretaria Municipal da Educação. Tal determinação baseou-se em atitude preventiva, uma vez que seriam expostos objetos valiosos no salão nobre da prefeitura. Nesse caso, considera-se responsável pela prática da contravenção penal de retenção do documento de identificação pessoal:

  A) o Chefe de Gabinete, autoridade que ordenou o ato.

  B) o Prefeito, autoridade responsável pelo prédio público.

  C) o funcionário público que efetivamente praticou o ato.

  D) a Secretária Municipal da Educação, já que impôs a condição de retenção do documento para realizar a exposição.

  E) nenhum dos envolvidos, pois não há problema na retenção do documento de identificação pessoal; a exposição de itens valiosos justificou a ação.

  Resposta: Letra A

Proibição de atividade remunerada a estrangeiro

Art. 69 – (Revogado pela Lei nº 6.815, de 19.8.1980)

1. **Revogado expressamente** pela Lei 6.815 de 19 de agosto de 1980.

Violação do privilégio postal da União

Art. 70 – Praticar qualquer ato que importe violação do monopólio postal da União:

Pena – prisão simples, de três meses a um ano, ou multa, de três a dez contos de réis, ou ambas cumulativamente.

1. **Revogado tacitamente.** A Lei n.º 6.538/78, que dispõe sobre os Serviços Postais, em seu art. 42 tipificou o crime de violação do privilégio postal da união, disciplinando a conduta de *"Coletar, transportar, transmitir ou distribuir, sem observância das condições legais, objetos de qualquer natureza sujeitos ao monopólio da União, ainda que pagas as tarifas postais ou de telegramas"*, cominando a pena de *"detenção, até dois meses, ou pagamento não excedente a dez dias-multa"*.

DISPOSIÇÕES FINAIS

Art. 71 – **Ressalvada a legislação** especial sobre **florestas, caça e pesca**, revogam-se as disposições em contrário.

Art. 72 – Esta lei entrará em vigor no dia 1º de janeiro de 1942.

Referências Bibliográficas

ALCÁCER GUIRAO, Rafael. *Actio libera in causa dolosa e imprudente: La estructura temporal de la responsabilidad penal.* Barcelona: Atelier, 2004.

BARROS, Flávio Augusto Monteiro de. *Direito Penal* – Parte Geral, v. 1. São Paulo: Saraiva, 1999.

BITENCOURT, Cezar Roberto. *Tratado de Direito Penal.* Parte Geral, v. 1. São Paulo: Saraiva, 2017.

_________. *Tratado de Direito Penal.* Parte Especial, v. 2. São Paulo: Saraiva, 2017.

_________. *Tratado de Direito Penal.* Parte Especial, v. 3. São Paulo: Saraiva, 2017.

CALLEGARI, Andre Luis. *Teoria Geral do Delito e da Imputação Objetiva.* 3.ª ed. rev. e ampl. São Paulo: Atlas, 2014.

CUNHA, Rogério Sanches. *Direito Penal.* Parte Especial, v. 3. Coordenação: Luiz Flávio Gomes e Rogério Sanches Cunha. São Paulo: RT, 2008.

DIAS, Jorge de Figueiredo. *Direito Penal.* Parte Geral. Tomo I. 2.ª ed. Coimbra: Coimbra Editora, 2011.

ESTEFAM, André. GONÇALVES, Victor Eduardo Rios. *Direito Penal Esquematizado.* Parte Geral. 2.ª ed., rev. e atual. Coordenação: Pedro Lenza. São Paulo: Saraiva, 2013.

GOMES, Luiz Flávio. *Bagatela imprópria não pode ser ignorada nem refutada.* Disponível em: <http://luizflaviogomes.com/bagatela-impropria-nao-pode-ser-ignorada-nem-refutada/>. Acesso em: 17/01/2018.

GOMES, Luiz Flávio e outros. *Comentários à Reforma Criminal de 2009,* Editora Revista dos Tribunais, 2009.

GUIRAO, Rafael Alacácer. *Actio libera in causa dolosa e imprudente. La estructura temporal de la responsabilidad penal.* Barcelona: Atelier, 2004.

GRECO, Rogério. *Curso de Direito Penal.* Parte Geral. Volume I. 16.ª ed. Niterói: Impetus, 2014.

_________. *Curso de Direito Penal.* Parte Especial. Volume II. 11.ª ed. Niterói: Impetus, 2014.

JESUS, Damásio de. *Lei das Contravenções Penais anotada.* 13ª ed. São Paulo: Saraiva, 2015.

LEITE, Manoel Costa. *Contravenções Penais*, Saraiva 1962.

LIMA, Renato Brasileiro de. *Manual de Processo Penal.* 3.ª ed. rev., ampl. e atual. Salvador: Juspodivm, 2015.

NOGUEIRA, Paulo Lúcio. *Contravenções Penais Controvertidas*, 1930.

NUCCI, Guilherme de Souza. *Leis Penais e processuais penais comentadas.* 4.ª ed. São Paulo: RT, 2008.

_________. *Manual de Processo Penal e Execução Penal.* 5.ª ed. rev. atual. e ampl. São Paulo: RT, 2008.

_________. *Código de Processo Penal Comentado.* 8.ª ed. rev. atual. e ampl. São Paulo: RT, 2008.

QUEIROZ, Paulo de Souza. *Direito penal e liberdade.* Boletim IBCCRIM. São Paulo, v. 8, n. 90, p. 5, maio 2000.

SILVA, Haroldo Caetano da. *Embriaguez & A teoria da actio libera in causa.* Curitiba: Juruá, 2004.

SIQUEIRA, Galdino. *Direito Penal Brazileiro.* Volume II. Brasília: Senado Federal, 2003.

TÁVORA, Nestor. ALENCAR, Rosmar A. R. C. de. *Curso de Direito Processual Penal.* 2.ª ed. rev. ampl. e atual. Salvador: Juspodivm, 2009.

TELES, Nei Moura. *Direito Penal.* Parte Geral. I. 3.ª ed. rev. atual.. São Paulo: Atlas, 2001.

_________. *Direito Penal.* Parte Geral. II. 2.ª ed. São Paulo: Atlas, 1998.

_________. *Direito Penal.* Parte Especial. II. 2.ª ed. São Paulo: Atlas, 2006.

_________. *Direito Penal.* Parte Especial. III. 2.ª ed. São Paulo: Atlas, 2006.

TOLEDO, Francisco de Assis Toledo. *Princípios Básicos de Direito Penal.* 5.ª ed. São Paulo: Saraiva, 2010.

WELZEL, Hans. *Direito Penal.* Tradução: Dr. Afonso Celso Resende. Campinas: Romana, 2004.

EDITORA
JusPODIVM
www.editorajuspodivm.com.br